„Meine Gefühle für Sie ändern sich nie"

Hedvig Ujvári

„Meine Gefühle für Sie ändern sich nie"

Die Jugendbriefe von Max Nordau an József Kiss (1866–1869)

PETER LANG

Berlin · Bruxelles · Chennai · Lausanne · New York · Oxford

Bibliografische Information der Deutschen Nationalbibliothek
Die Deutsche Nationalbibliothek verzeichnet diese Publikation in der Deutschen
Nationalbibliografie; detaillierte bibliografische Daten sind im Internet über
http://dnb.d-nb.de abrufbar.

ISBN 978-3-631-91014-6 (Print)
ISBN 978-3-631-91015-3 (ePDF)
ISBN 978-3-631-94770-8 (ePUB)
DOI 10.3726/b23480

© 2026 Peter Lang Group AG, Lausanne (Schweiz)
Verlegt durch Peter Lang GmbH, Berlin (Deutschland)

info@peterlang.com

Diese Veröffentlichung wurde einem Peer-Review unterzogen.

Kontaktadresse nach EU-Produktsicherheitsverordnung: gpsr@peterlang.com

www.peterlang.com

Kontakt zur Verordnung über die allgemeine Produktsicherheit (GPSR): gpsr@peterlang.com

Inhalt

Abbildungsverzeichnis

Vorwort

Das im Titel des Buches angeführte Zitat stammt aus einem Brief vom 65-jährigen Max Nordau (1849–1923) an den 71 Jahre alten ungarischen Dichterfreund József Kiss (1843–1921) aus dem Jahr 1914.[1] Es handelt sich dabei um zwei arrivierte Männer, zwei Schicksale, die während ihrer Jugendjahre mehrere Verknüpfungspunkte hatten. Ihre Bekanntschaft geht auf das Jahr 1865 zurück, doch nach 1880 nahm das Leben der beiden völlig unterschiedliche Richtungen. Wegen Nordaus Übersiedlung nach Paris blieb nur noch die räumliche Trennung, die sie durch einen ständigen Briefverkehr zu überbrücken versuchten. Die Korrespondenz und auch die von Nordau zu Kiss' Werken verfassten Feuilletons zeugen noch nach Jahrzehnten von stetiger Anerkennung, Würdigung und Hochachtung dem ungarischen Dichter gegenüber.

Endre Ady[2] bemerkte einmal, dass er Nordau nicht mochte. Aber als er sich eines Tages in Paris mit ihm unterhielt, hatte dieser einen Band von Kiss auf seinem Tisch liegen. „Und er fragte mich, ob sein großer Freund trübselig oder froh sei, ob er noch singen könne. Auf einmal habe ich Nordau anders gesehen – vielleicht hatte er sogar Ungarisch wegen József Kiss nicht verlernt."[3]

---

[1] Quelle: Petőfi Irodalmi Múzeum Budapest [Petőfi Literarisches Museum Budapest], Signatur: V5239/271.

[2] Endre Ady (1877–1919) war einer der bedeutendsten ungarischen Lyriker des Fin de siècle.

[3] Endre Ady: Kiss József, in: *Kiss József és kerek asztala: A költő prózai írásai és kortársainak visszaemlékezései* [József Kiss und sein Rundtisch: Die Prosaschriften des Dichters und die Erinnerungen seiner Zeitgenossen], Budapest 1934, S. 204–205. Die Übersetzungen, wenn anders nicht vermerkt, stammen von mir, H. U.

Nordau selbst äußerte sich ausführlich in einem Feuilleton zur Bedeutung und seiner Beziehung zu Kiss: *„Er ist für mich nicht Literatur, auch nicht darüber hinaus einfache Erinnerung an das Gerburtsland, das ich vor vierunddreißig Jahren zum letztenmal gesehen habe. Er ist mit meiner frühen Jugend verknüpft. Er ist ein Stück von ihr. Wenn ich an ihn denke, steigen meine Jünglingsjahre vor mir auf. Ich war sechzehn Jahre alt, als ich ihn kennen lernte. Der damals Zweiundzwanzigjährige schien mir ein Nestor. Sechs Jahre Altersunterschied bedeuten dem kaum dem Knabenalter Erwachsenen eine fast unabsehbare Zeitstrecke. Mit zunehmendem Alter verschieben sich freilich die Perspektiven, und heute scheint mir der Abstand zwischen uns beiden kaum eine Spanne weit. Wir waren durch stark wirkende Sympathie zueinander gezogen. Wir kommunizierten in der Poesie. Er dichtete, ich dichtete. Er blieb der Muse sein ganzes Leben lang treu, ich mußte mich, von anderen Aufgaben erfaßt, ihrem Dienste manchmal viele Jahre lang entziehen. Seine Verse klingen in allen ungarischen Seelen, der Ton der meinen ist nur ganz ausnahmsweise und vereinzelt über den engsten Kreis meiner Vertrauten hinausgedrungen. Wenn ich die Sammlung seiner Gedichte in der Hand halte, erinnere ich mich, wehmütig lächelnd, wie er sich einst meine Dichterlaufbahn gedacht und was er mir von ihr vorhergesagt hat. Es ist mir eine Genugtuung, daß wenigstens er die seine verfolgen und auf ihr hohe Gipfel erreichen konnte. Viele der seitdem berühmt gewordenen Gedichte des Bandes von 1876 habe ich entstehen sehen.*[4] *Ich war der erste, dem der Dichter sie vorlas. An mir versuchte er ihre Wirkung. Ich bewunderte oft, lobte meistens, machte manchmal Vorbehalte. Ich besitze noch heute Gedichte in der seinen, wie gestochenen Handschrift des Dichters, die, soweit mir bekannt ist, unveröffentlicht geblieben sind, vielleicht, weil er keine Abschriften von ihnen behalten hat. Ich habe das dünne, rührend provinzial aussehende Heftchen seiner »Zsidó dalok«,*[5] *seines Erstlings, der in Ungarn selbst eine bibliographische Seltenheit geworden sein muß, da er in schwacher Auflage im Selbstverlag des Dichters erschienen ist. [...] Nur fünf der »Zsidó dalok« sind von Kiss später in den Band seiner »Költemények« hinübergenommen worden. Weshalb verleugnete er die übrigen? Ich weiß es nicht. Sie sind nicht minderwertig. Ich liebe sie ebenso wie die fünf, die Gnade vor seinen Augen gefunden haben. Einige seiner Gedichte gehören zu den stärksten, die mir in irgendeiner mir zugänglichen Sprache bekannt sind. Sie sind nie wieder verstummt, seit sie mir zum erstenmal*

---

[4]   *Kiss József költeményei* [Gedichte von József Kiss], Budapest 1876.
[5]   dt.: *Jüdische Lieder.*

in die Seele geklungen. [...] Es sind nicht die bekanntesten, die berühmtesten der Sammlung [...]."[6]

In den 1860er Jahren verfasste der Gymnasialschüler Max Nordau mehrere Briefe an seinen Jugendfreund, späteren Dichter sowie Zeitschriftenredakteur József Kiss, in denen seine dichterischen Versuche unter die Lupe genommen und viele private, sehr persönliche Angelegenheiten erörtert wurden. Kiss zog in diesen Jahren als Hauslehrer durch Ungarn. Die an ihn gerichteten kritischen Bemerkungen dienten zum Teil der Stärkung seines Selbstbewusstseins, aber auch sprachliche, thematische, strukturelle sowie rhythmische Ansätze und Vorschläge wurden diskutiert. Ziel war es, die träumerische Natur von Kiss in eine realistischere Richtung zu lenken und sein Talent zu fördern.

Die Nordau-Forschung hat in den letzten Jahrzehnten einen erfreulichen Aufschwung erlebt, doch könnten und müssten noch weitere Quellenmaterialien erschlossen werden. Die vorliegende Edition versteht sich als ein Baustein in diese Richtung. Sie umfasst elf Briefe Nordaus an Kiss, die zwischen 1866 und 1869 entstanden und in der Handschriftenabteilung der Ungarischen Széchényi Nationalbibliothek in Budapest gefunden wurden.[7] Um diese Texte entsprechend kontextualisieren zu können, wird auf die Jugendjahre von Max Nordau und József Kiss eingegangen. Bezüglich Nordau liegen bereits einige Ergebnisse, teils aus eigener Feder, vor, diese können jedoch noch um weitere Funde aus diversen Zeitschriften und Archiven ergänzt werden. Da über József Kiss bislang keine deutschsprachige Studie

---

6   Max Nordau: Ungarische Lyrik im deutschen Gewande, *Pester Lloyd*, Nr. 85 v. 9. April 1914, S. 1–3, hier S. 1–2.

7   Fundstelle: Országos Széchényi Könyvtár (= OSZK, Ungarische Nationalbibliothek), Handschriftenabteilung. Signatur: Kézirattár, Levelestár, Nordau, Max – Kiss Józsefhez, es gibt keine zusätzliche Nummerierung der Briefe. Bezüglich des Briefwechsels zwischen Nordau und Kiss sind in Budapest nur diese Briefe und der bereits zitierte aus dem Jahr 1914 auffindbar. Dieser Brief ist so stark beschädigt, dass er für die Edition nicht geeignet ist, der Inhalt kann nur teilweise entnommen werden. Von Kiss gibt es mit Sicherheit mehrere Briefe im Central Zionist Archives Jerusalem, zwei aus dem Jahr 1875 wurden bereits veröffentlicht. Vgl. Sándor Scheiber u. Jenő Zsoldos: *Ó mért oly késő: Levelek Kiss József életrajzához* [Warum so spät? Briefe zur Biografie von József Kiss], Budapest 1972, S. 49–59. Auch die Sammlungen der Hebrew University könnten weiterführende Informationen oder Materialien enthalten. Die Forschung zu József Kiss befindet sich derzeit in einer Phase grundlegender Neuerschließung, die vor allem durch die fortschreitende digitale Edition seines Briefwechsels neue Perspektiven gewinnt. Ausführlich siehe: https://dhupla.hu/collection/kiss-jozsef-levelezes.

zugänglich ist, wird in dieser Einleitung auf seine Laufbahn und sein Schaffen im Vergleich zu Nordau detaillierter eingegangen.

Bei der Edition gebührt mein aufrichtiger Dank meinen ehemaligen Studienkolleg:innen, vor allem Ágnes Hilóczky, die mir den Großteil der Briefe transkribiert zur Verfügung stellte. Bei den verbliebenen Unklarheiten der Übertragung standen mir Klára Berzeviczy und László Jónácsik zur Seite.

Pilisvörösvár (bei Budapest), November 2025

Einleitung

Jenő Zsoldos über die Briefe Nordaus an József Kiss

„Durch das engagierte Interesse des Privatdozenten Dr. László Tóth sowie durch die Opferbereitschaft des ungarischen Kultusministeriums gelang es, für die Bibliothek des Ungarischen Nationalmuseums elf Briefe von Max Nordau an József Kiss zu erwerben.[8] *Neun dieser Briefe stammen aus der zweiten Hälfte des Jahres 1866, während zwei weitere aus den Jahren 1867 und 1869 datieren. Diese Korrespondenz stellt eine überaus aufschlussreiche und wertvolle Sammlung von Daten dar, die die frühen geistigen Werdegänge zweier junger jüdischer Intellektueller nachzeichnet – jenes vielversprechenden geistigen Aufbruchs, der sich auf der einen Seite im Licht der deutschen Schreibkunst zur Welt jüdischer Ideen hin entfaltete, während er auf der anderen Seite durch mühsame Erwartungen und innere Kämpfe schließlich zum Pantheon der ungarischen Lyrik führte. In diesen Briefen erhebt sich die Stimme des siebzehnjährigen Nordau, dessen frappierende geistige Frühreife sich in einem außergewöhnlich bewussten Ausdruck manifestiert. Mit einer nahezu*

---

[8] Jenő Zsoldos: Nordau levelei Kiss Józsefhez [Nordaus Briefe an József Kiss], *Múlt és Jövő* 24 1934(12), S. 326–327. Der Text soll hier in voller Länge wiedergegeben werden. Die Ungarische Nationalbibliothek Széchényi wurde 1802 gegründet und war ursprünglich Teil des Ungarischen Nationalmuseums, entwickelte sich jedoch später zu einer eigenständigen Institution. László Tóth (1895–1958) war ein ungarischer Religionshistoriker und Bibliothekar, tätig u. a. in Budapest, Pécs und Szeged. Ausführlich siehe: https:// arts.u-szeged.hu/karunkrol/dekani-arckepcsarnok/toth-laszlo-tortenesz (letzter Abruf: 9. Februar 2025). Die detaillierte Kommentierung der verwendeten Zitate erfolgt an den entsprechenden Stellen in der Textedition. Der Brief wurde ungarisch verfasst, enthät allerdings auch deutsche Textstellen aus Nordaus Briefen an Kiss.

erstaunlichen seelischen Ernsthaftigkeit und intellektuellen Durchdringung analysiert er sowohl die äußere als auch die innere Beschaffenheit der Phänomene. Und stets ist hinter diesen Zeilen das Echo von József Kiss' Stimmungen, das Stocken seiner Entschlüsse spürbar – jene zögernde, doch hoffnungsvolle Empfänglichkeit, mit der er die unaufhörlichen Ratschläge des sechs Jahre jüngeren Nordau empfängt. Und dies mit Recht. Denn Nordau tritt Kiss mit souveräner Gelassenheit und selbstbewusster Überlegenheit sowie mit der hingebungsvollen Empfindsamkeit der freundschaftlichen Fürsorge entgegen, um ihm mit lebensbejahender Zuversicht Orientierungspunkte für sein Dasein und seine Dichtung aufzuzeigen. Aus dem reichen Material dieser Briefe entfaltet sich ein differenziertes Bild der frühen persönlichen Entwicklung Nordaus, seines erwachenden europäischen Bewusstseins, sowie seiner seelischen Entwicklung – der Beginn jener unruhigen, suchenden Epoche, in der er zwischen Zweifel und Aufbruch irrend seinen Weg zu finden suchte:

Nordau bereitete sich auf das Leben vor, indem er auf das Vertrauen in sein Talent setzte. Das dominierende Motiv seiner Stimmung ist die Hoffnung, obwohl er gelegentlich auch von momentaner Bitterkeit, persönlichen Sorgen und familiären Unannehmlichkeiten aus seiner optimistischen Weltsicht gerissen wird. In solchen Momenten äußert er seinen Kummer in einem düsteren Ausruf oder sucht mit philosophischen Selbsttröstungen eine Antwort auf seinen eigenen Schmerz: »Nur wenn man ganz auf sich beschränkt ist, kann man Herr über die Umstände werden, was allein des Menschen Glück ausmacht. Sonst sind immer die Umstände und Zufälle über das Individuum herrschend.« *Die materiellen Kämpfe jedoch vermögen ihn nicht entmutigen. Er versteht die Resignation seines Freundes nicht, die aus dessen Mittellosigkeit resultiert – er selbst würde sich schämen, die Feder in die Hand zu nehmen, um solche Klagen zu formulieren. Dennoch kann er nicht immer völlig unempfindlich gegenüber den vielen Beschwerden seines Freundes bleiben. Diese Sensibilität weckt in ihm philosophische Gedanken:* »Es scheint, dass wir Alle ein Kainszeichen an der Stirne tragen, dass wir einen Pass vom Oberschicksale haben, in welchem alle Unterschicksale, in deren Gebiet wir uns etwa begeben, angewiesen werden uns zu quälen.« *Selten, aber doch, ergreift ihn sentimentale Melancholie. Dann kehrt sein Gedächtnis zurück zu den sorglosen Tagen seiner Kindheit, zu der alten Wohnung in der Dreitrommelgasse. Er erinnert sich an die Nächte, in denen er auf dem Bettrand sitzend mit seinem Freund die Träume der Zukunft spann, während rundum die Melodie von* »Lecho Doidi« *schwebte. Aber auch wenn er später erkannte, dass das Leben in Wahrheit kein Märchengarten war, machte ihn dies nicht zum*

Weltverächter. Der vorübergehende Niedergang seiner Zuversicht kann seinen unerschütterlichen Glauben an die Zukunft und seine optimistische Hoffnung nicht erschüttern. Mit prophetischer Voraussicht ermutigt er sich selbst, indem er sagte: »ich glaube an meine Zukunft, ich glaube, dass ich glücklich sein werde und noch eine Anzahl Menschen im Glücke befestigen werde.«

Die Wurzeln der poetischen Traumwelt von József Kiss griffen tiefer in den rauen Boden der Jugend als die Träumereien von Nordau. Doch dieses ewige Träumen, so sah es Nordau, könnte die schöpferische Kraft des Dichters ersticken. Die vom Realitätsverlust geprägte Lebensweise von József Kiss stellte die Zukunft seines poetischen Auftrags in einem ungünstigen Licht dar. Daher warnt er ihn vor den ständigen Träumereien und erklärt, dass ständiges Streben nach Träumen psychologisch gesehen nichts anderes als Gedankenarmut sei. Er will in ihm Arbeitsfreude wecken: »Ich wollte Thatkraft in Ihnen erwecken, und Sie sprechen von einen ‚reggeli és esti ima‘; ich wollte Energie anflammen, und Sie – träumen, freilich poetisch, aber das sind doch immer nur Träume!« *Er ist entsetzt, wenn er in den Antwortbriefen Passagen liest, die diesen träumerischen Zustand noch weiter vertiefen könnten:* »Sie sind unglücklich … das hat noch gefehlt!« *Er will ihm bewusst machen, dass er seine Ziele nur durch Ausdauer und Willenskraft erreichen kann. Da er jedoch weiß, dass József Kiss wahrscheinlich keine feste Entschlossenheit entwickeln würde, bittet er ihn, den Briefwechsel kontinuierlich fortzuführen, da nur so eine Möglichkeit bestünde, den unsicheren Willen des Dichters anzufeuern.*

Nordau fördert die Beziehung zwischen ihnen durch die Liebe zur seelenverwandten Harmonie. In József Kiss fand er eine verwandte Seele, und die Natur schenkte dem Dichter einen Freund, mit dem er sich den Stürmen des Lebens stellen kann. Wenn sie einander mit Verständnis und Mitgefühl begegnen, brauchen sie sich nicht vor der kalten, fremden Welt zu fürchten. Nordau erwartet besorgt die Briefe seines Freundes und drängt ihn mit zärtlichen Vorwürfen. Wenn József Kiss längere Zeit nicht antwortet, sucht er unruhig nach dem Grund der Stille und vermutet ein systematisches Versäumnis hinter den ausbleibenden Briefen. Er weist ihn darauf hin, dass sie ihren steinigen Lebensweg nur Hand in Hand gehen können. Wenn er sich verlassen fühlt, bittet er fast in einer liebevollen Geste seinen »liebsten Kisschen« *darum, und wenn er krank ist, kann er die tröstenden Worte des abwesenden Freundes nicht entbehren:* »Sie wissen ja, was für eine Mizwe bei den Juden Mewacker-Chole-Sein (Krankensittenbesuch) ist, und Ihr Brief tut mehr als Mewackercholesein.« *Er nennt ihre gemeinsame Zeit einen schönen Traum; bietet ihm finanzielle Unterstützung an und bittet um ein Foto von ihm.*

Als József Kiss ihm mit seinem Gedicht »Barátomhoz« zärtlich begegnet, äußert auch er seine freundschaftlichen Gedanken und Gefühle in gereimter Form, die er schon so oft in Worten und Schrift dargelegt hatte.

Nordau macht es zu einem seiner Lebensziele, József Kiss über die Schwierigkeiten des Karrierebeginns hinwegzuhelfen. Als ersten Schritt betrachtet er den Erwerb des Abiturzeugnisses. In seinen Briefen kehrt er immer wieder zu diesem Gedanken zurück. Kein Moment vergeht, ohne dass er darüber nachdenkt, wie er seinen Freund zur Prüfung bewegen könnte. Mit stereotypen Ermunterungen treibt er ihn zum Lernen an: »Nur lernen!« – »Lernen Sie fest.« – »Also – nur lernen, nur an die Zukunft denken« *Er gibt ihm praktische Ratschläge, nennt die Fächer, mit denen er sich beschäftigen soll, und macht ihm Mut: Am kalvinistischen Gymnasium könne er als externer Schüler die Prüfung mit Leichtigkeit bestehen. Als Kiss jedoch mit finanziellen Schwierigkeiten argumentiert, zögert Nordau nicht und schreibt entschlossen:* »Überhaupt sparen Sie, sparen Sie um des Herren willen, damit Sie einmal maturieren können und nicht ewig Lehrer sein müssen!« *Auch auf dem Weg zur dichterischen Anerkennung weist Nordau ihm den richtigen Pfad. Er mahnt ihn, seine Werke nicht übereilt zu vollenden, da hastige Arbeit der literarischen Qualität schade. Kiss solle ausdauernd arbeiten:* »Nur produzieren! Das richtet den Geist sehr auf!« *Er solle Geduld haben, auch wenn seine Gedichte noch nicht im Druck erschienen seien. Außerdem solle er sich nicht nur auf die Lyrik beschränken, sondern auch Prosa versuchen – Novellen, Erzählungen und Märchen verfassen sowie Übersetzungen aus dem Deutschen ins Ungarische anfertigen. Er ermutigt ihn, seine literarischen Arbeiten den Zeitungen der Hauptstadt anzubieten (er teilt ihm die Adressen von* Fővárosi Lapok, Nefelejts, Hazánk és Külföld *und* Divat *mit). Die Redaktionen nähmen gern kurze Berichte aus der Provinz an. Kiss solle versuchen, Kontakte zu knüpfen. Er möge sein Gedicht* Szökőkút *an den strengen Kritiker Károly Zilahy schicken. Vor allem aber solle er sich nicht zurückhalten, sondern Mut fassen und sich etwas zutrauen:* »nur keck sein!«

*Auch Nordau selbst erwies sich als ein unvoreingenommener Kritiker der Gedichte von József Kiss. Wo nötig war, erklärte er offen, dass er nichts Schmeichelhaftes über die Verse sagen könne; wenn es angebracht war, betonte er seine uneingeschränkte Anerkennung mit einer gezielten Absicht, das Selbstvertrauen seines Freundes zu stärken. Meistens beanstandete er das Fehlen formaler Eleganz und tadelte die schwer verständlichen Passagen (*Szökőkút, Mikor a világnak ...*). Er* *wies auf unpassende Metaphern, überflüssige Wörter und den prosaischen Klang des Rhythmus hin* (Nyári éjjel), *während er gleichzeitig die eindrucksvollsten Stellen und überraschenden Gedanken der Gedichte hervorhob. Mal empfiehlt er, die einleitenden Strophen vollständig zu streichen, ein anderes Mal lobt er, dass triviale Übergänge nur vereinzelt die poetische Illusion störten* (Szobámba). *Sein kritischer Ton steigerte sich jedoch nur ein einziges Mal zur überschwänglichen Bewunderung – bei* Egy boldogtalan dalai. *Unter dessen Eindruck formuliert er schließlich sein allgemeines Urteil:* »Im Allgemeinen kann ich Ihnen sagen, dass Ihnen nichts als künstlerische Überlegung fehlt; der Rohstoff ist da, aber um daraus ein Kunstwerk zu formen, muss man ernst und reiflich denken, man darf nicht so in den Tag hinein schreiben, wenn man höhere Ziele verfolgt.«

Nordaus ererbte Kultur und literarische Bildung qualifizierten ihn als Kritiker für seinen Freund zu wirken. Er strebt nach umfassendem theoretischen Wissen, wobei sein Augenmerk insbesondere auf Geschichte und Ästhetik gerichtet ist. Er studiert Aristoteles, Lessing, Schlegel und andere. Daher hält er es nicht für angebracht, dass József Kiss ohne jegliche Vorkenntnisse mit der Lektüre von Shakespeare begonnen hat. Obwohl er sich über das Interesse seines Freundes an Shakespeare freut, empfiehlt er ihm, die Werke philosophischer und ästhetischer Schriftsteller zu studieren, damit er sich eine eigene Meinung über Charakterdarstellung, dramatische Konzepte und Wirkungsmuster bilden kann. Nordau verfolgt aufmerksam die Entwicklungen der ungarischen Literatur: Er teilt seinem Freund sofort das tragische Ableben von Gábor Egressy und den Tod von Gergely Czuczor mit. Es erfreut ihn zu erfahren, dass József Kiss von der erfolgreichen Veröffentlichung von Jenő Rákosis Aesopus *begeistert ist. Nordau bereitet sich fleißig auf seine Gymnasialprüfungen vor und verzeichnet* »Mit glänzendem Erfolge« *die Ergebnisse aus dem Lehrmaterial der 6. Klasse. Am 29. Juni 1867 wird er eine kombinierte Prüfung der 7. und 8. Klasse ablegen, um bald darauf das Abiturzeugnis zu erlangen. Gleichzeitig vernachlässigt er nicht seine schriftstellerische Arbeit. Obwohl bereits 24 Gedichte, mehrere Übersetzungen, Erzählungen und literaturhistorische Artikel von ihm veröffentlicht wurden, betrachtet er dies als wenig bedeutend, da für ihn die schriftstellerische Karriere erst dann beginnt, wenn man eigenständig vor die Welt tritt. Er berichtet József Kiss präzise, was er geschrieben hat und woran er aktuell arbeitet: Vier seiner Gedichte sind fertig,* »die ich alle für sehr gelungen halte« (Völkerleichen, Natur und Mensch, Auf der Wanderschaft, Winterlied; *den Text des letzten Gedichts fügt er am Ende seines Briefes bei), sein längerer*

Artikel wurde von dem Lloyd *angenommen, er plant eine Serie von ungarischen historischen Bildern zu verfassen, und eines seiner Gedichte, das in einer humoristischen Zeitschrift in Pest erschienen ist, wurde sehr positiv aufgenommen. Sein Werk* Deutschland *ist nun vollständig abgeschlossen, einschließlich des Vor- und Nachworts. Es steht nur noch die mühsame Arbeit des Abschreibens an, bevor er es bald an den Leipziger Wigand Verlag senden wird.*

Nordau hat eine grenzenlose Arbeitslust, aber aufgrund seiner Tätigkeit als Brotverdiener bleibt ihm wenig Zeit zum Schreiben. Sowohl er als auch József Kiss verdienen ihren Lebensunterhalt als Hauslehrer. Der Dichter unterrichtet im Haus der Familie Lilienfeld in Pankota, im Komitat Arad. Als er jedoch nach Kisjenő umziehen möchte, plant er, seinen Platz an Nordau zu übergeben. Nordau würde die Stelle gerne übernehmen, aber nur unter günstigen Bedingungen. Er fordert 220 Forint im Jahr und die Erstattung der Reisekosten: »In einem anderen Falle existirt Pankota für mich nicht.« *Im Oktober 1866 gelingt es ihm, eine Anstellung in Rákoskeresztúr zu finden, die seinen Anforderungen entspricht. Sein Gastgeber, Herr Fuchs, ist ein gebildeter Mann, die Frau seines Gastgebers ist die Schwester eines Artilleriekapitäns. Er wohnt mit ihm in einem schön möblierten, sauberen Zimmer. Die Verpflegung ist ausgezeichnet, oft gibt es guten alten Wein auf dem Tisch und in seinem Bücherregal liegen nützliche, wertvolle Bücher (darunter Werke von Thiers). Pest ist nahe, leicht und relativ günstig zu erreichen. Nur seine Schülerinnen – nicht die angenehmsten Mädchen. Bis Oktober 1867 beabsichtigt er, in Rákoskeresztúr zu verweilen, und er möchte, dass sein Freund, der mittlerweile nach Borosjenő verschlagen worden ist, seine Stelle übernimmt. Er hat einen cleveren Plan ausgeheckt, um seinen guten Gedanken in die Tat umzusetzen. Auch ohne sich vorher gekannt zu haben, gelingt es ihm, József Kiss in den Augen der Familie seines Gastgebers beliebt zu machen. Er spricht über ihn, liest ihnen seine poetischen Werke vor, damit sie sich später über den empfohlenen Nachfolger freuen können, wenn er selbst geht.*

In diesen Briefen steht Nordau an der Seite von József Kiss als Steuermann der seelischen Stürme des Dichters: Mit seiner Lebensphilosophie und der Nähe seines Geistes rettet er ihn sozusagen für die ungarische Literatur. Der Wert der Briefe ist zweifellos bedeutend. Ihre Inhalte – Nordaus Geständnisse, seine kritischen Bemerkungen, Erinnerungen an die ersten Versuche des ungarischen Dichters und die Motive seines Lebenskampfes – können weder Nordaus Biograf noch der Philologe, der sich mit der Dichtkunst von József Kiss beschäftigt, unbeachtet lassen.«

Max Nordau

Lehrjahre

Max Nordau (*1849 in Pest als Simon Maximilian Südfeld, † 1923 in Paris), tätig als Arzt, Journalist und kulturkritischer Essayist, stieg zum zweitbedeutendsten Zionisten neben Theodor Herzl auf. Mit 34 Jahren wurde er über Nacht durch sein kulturkritisches Buch *Die conventionellen Lügen der Kulturmenschheit* berühmt. Ein Jahrzehnt später prägte er mit seinem Hauptwerk *Entartung* endgültig die Geistes- und Begriffsgeschichte des Fin de siècle. Bis zum Ersten Weltkrieg schrieb er Feuilletons für zahlreiche europäische und nordamerikanische Zeitungen und war unter anderem 35 Jahre lang für die *Vossische Zeitung* tätig. Seine Werke sind in 17 Sprachen zugänglich; sein Bestseller *Entartung* erlebte beispielsweise innerhalb von vier Monaten in England sieben Auflagen.

Nordaus besondere Leistung bestand in der Verbindung seiner beiden Betätigungsfelder. Als Mediziner versuchte er, die zeitgenössische Kultur mit den gängigen Mitteln der Psychopathologie zu analysieren. Seine Diagnose erwies sich jedoch als ein kompletter Fehlschlag: Maßgebenden bildenden Künstlern, Literaten (Baudelaire, Zola, Verlaine, Tolstoi etc.), Komponisten (Richard Wagner) und Philosophen (Nietzsche) der Epoche sprach er das Schaffensvermögen ab; sie wurden schlichtweg als Geisteskranke und Entartete abgestempelt. Wahrscheinlich ist dies der Grund, warum Nordau trotz seiner umfangreichen literarischen Produktion der Vergessenheit anheimgefallen ist.

Seine Verdienste sind jedoch von literaturhistorischer Bedeutung, denn er gilt als Wegbereiter der modernen Kulturkritik par excellence. Seine Wirkung auf die Nachwelt, etwa auf György Lukács, ist unübersehbar. Angesichts des Nordau'schen Œuvres, in dem neben Prosawerken, Dramen, Briefen sowie medizinischen und zionistischen Schriften vor allem die kulturkritischen Werke überwiegen, wird deutlich, dass er ein Kulturkritiker von Friedrich Nietzsches Format und ein führender Intellektueller im Europa der Jahrhundertwende war. Aus dieser Vielfalt sollen nun die Anfänge dieser bemerkenswerten Laufbahn nachgezeichnet werden.

Nordau, als Sohn einer orthodoxen jüdischen Familie in Pest[9] geboren, gehörte zu denjenigen, die sich erst, nachdem sie diese Stadt und das Land

---

[9]   Budapest entstand erst 1873, als die drei Stadtteile Pest, Buda (Ofen) und Óbuda (Altofen) zusammengeschlossen wurden.

verlassen hatten, in der deutschen Literatur und Wissenschaft einen Namen machten. Im aufgeklärten jüdischen Milieu von Pest galt Deutsch in der ersten Hälfte des 19. Jahrhunderts als die dominierende und vorbildhafte Kultur- und Wissenschaftssprache. Nach 1861 jedoch setzte die ungarische Nationalbewegung Ungarisch als Schul- und Behördensprache durch. Nordau erfuhr diesen Wechsel des sprachlichen und kulturellen Paradigmas am eigenen Leib: Durch die stetige Magyarisierung des öffentlichen Lebens geriet er, wie alle von der Goethe-Kultur überzeugten deutschsprachigen Schüler und Bildungsbürger, soziokulturell und später auch beruflich in die Defensive und Isolation. Nordau ging ins Ausland und wurde in Paris als deutschsprachiger Zeitungskorrespondent und Essayist berühmt. Dieser Erfolg im Exil war jedoch bereits durch die frühe Entscheidung für den Besuch deutschsprachiger Schulen in Pest und seinen entschiedenen Widerwillen gegen die Magyarisierung angelegt.

Nordaus Vater, Gabriel Südfeld (1799–1872), stammte aus Krotoschin (heute: in Polen) und war ein streng religiöser Jude sowie Rabbiner.[10] Seine Mutter kam aus Riga.[11] Nordau und seine zwei Jahre jüngere Schwester Charlotte („Lotti", 1851–1938) hatten väterlicherseits vier Halbgeschwister. Die Familie lebte in ärmlichen Verhältnissen.

Der kleine Südfeld soll schon früh in der jüdischen Schule die Grundlagen des Lesens und Schreibens erlernt haben.[12] Im August 1859 trat er in das katholische Gymnasium von Pest ein. *„Doch im Frühjahr 1862 kam eine starke magyarisch-nationale Bewegung in Fluß und es gelang ihr, mittels eines neuen Schulgesetzes den bisherigen Unterricht vollkommen über den Haufen zu werfen. Die deutsche Sprache war plötzlich aus dem Gymnasium verbannt und das Ungarische kam für fast alle Fächer an seine Stelle. Wenig Professoren kannten die ungarische Sprache so, um sie fließend zu sprechen, noch viel wenigere, um in ihr*

---

[10] Nach mündlicher Auskunft des Oberrabbiners Tamás Raj (1940–2010) war er Kantor.

[11] Sarah Rosalie Südfeld, geb. Nelkin (1813–1900).

[12] Zu Nordaus Leben siehe vor allem Christoph Schulte: *Psychopathologie des Fin de siècle: Der Kulturkritiker, Arzt und Zionist Max Nordau*, Frankfurt am Main 1997, sowie Anna und Max Nordau: *Erinnerungen: Erzählt von ihm selbst und von der Gefährtin seines Lebens*, Autorisierte Übersetzung aus dem Französischen von S. O. Fangor, Leipzig, Wien 1928. Zu seiner Budapester Zeit: Hedvig Ujvári: *Dekadenzkritik aus der „Provizstadt": Max Nordaus Pester Publizistik*, Budapest 2007.

zu unterrichten. […] Für den jungen Max war das eine schreckliche Katastrophe. Sein Vater hatte ihn gelehrt, die Sprache Goethes und Schillers zu lieben, doch gleichzeitig ihm auch ein Vorurteil gegen das Ungarische eingeimpft, welches ja damals hauptsächlich nur vom niederen Volke gesprochen wurde. Später lernte Max Nordau umso herzlicher und aufrichtiger die Schönheit dieser nationalen Bewegung würdigen und nicht minder auch die herrliche Literatur des ungarischen Volkes; in dem Augenblick jedoch erschien seiner kindlichen Seele eine solche Änderung wie ein Verrat. Wohl blieb er noch ein Jahr in dem selben Gymnasium, doch gab es fortwährend Reibungen zwischen ihm und seinen neuen Professoren – zumeist getaufte Juden, die einen extremen Magyarismus vortäuschten. Den jungen Burschen empörte das und er verließ nach Ende des Schuljahres die Anstalt, um Schüler des kalvinistischen Gymnasiums zu werden, wo er auch seine Studien beendete."[13]

Die Schulnachrichten des Jahres 1861/1862 liegen nicht vor, doch im Bericht des darauffolgenden Jahres sind die detaillierten Ergebnisse von Simon Südfeld verzeichnet.[14] In der IV. Klasse erbrachte er folgende Leistungen: Sittliches Betragen: lobenswert (2), Aufmerksamkeit: gespannt (1), Fleiß: genügend (2), Religion: ausgezeichnet (1), Latein: vorzüglich (2), Ungarische Sprache: vorzüglich (2), Deutsche Sprache: vorzüglich (2), Geschichte: vorzüglich (2), Mathematik: vorzüglich (2), Naturkunde: ausgezeichnet (1), Naturlehre: vorzüglich (2). Innerhalb der außerordentlichen Fächer belegte Nordau das Fach Schönschreiben mit dem Ergebnis gut (3).

Die V. Klasse (1863/1864) begann Nordau noch im katholischen Gymnasium, doch beendete er das Schuljahr nicht dort.[15] Er wechselte noch während des Schuljahres zum kalvinistischen Gymnasium und setzte dort die Oberstufenbildung fort. 1867 erlangte er das Abitur.

---

[13] Nordau, *Erinnerungen*, S. 19–20.

[14] *A Pesti Kir. Kath. Főgymnasium ifjúságának érdemsorozata és tanári személyzete az 1862/3. tanév második felében.* Pest 1863–1897 (OSZK Értesítő [Schulnachrichten] 319/1862–1863/2).

[15] *A Pesti Kir. Kath. Főgymnasium ifjúságának érdemsorozata és tanári személyzete az 1863/4. tanév második felében.* Pest 1863–1897 (OSZK Értesítő [Schulnachrichten] 319/1863–1864/2). Die fünfte Klasse hat Nordau noch hier begonnen, aber nicht mehr hier abgeschlossen. Zwar wurde sein Name weiterhin angeführt, doch konnte er nicht mehr benotet werden („kimaradt" [ausgeblieben]).

Der Namenswechsel

Da Nordau 1866 seine Briefe an Kiss als „Max Nordau" unterzeichnete, muss auf diesen Namenswechsel eingegangen werden. Aus einer Kopie von Nordaus Geburtsurkunde[16] geht hervor, dass er seinen Namen seit 1873 mit Genehmigung des ungarischen Innenministers gesetzlich führte. Ursprünglich kam er als Simon Maximilian Südfeld zur Welt, doch soll er – wie bereits darauf hingewiesen wurde – als Schüler den Namen „Nordau" als Mitgestalter der Monatsschrift *Poesie, Kunst und Wissenschaft* verwendet haben. Im Mai 1863 erschien erstmals etwas von ihm im Druck: „Ein lokales Wochenblatt veröffentlichte einen gereimten Rebus von ihm, der lediglich mit M. N. unterzeichnet war."[17]

Bezüglich des Namenswechsels stellt sich natürlich die Frage, welche Gründe Nordau dazu bewogen haben, aus dem deutsch-jüdischen Namen Süd/Feld, statt eines ungarischen einen deutschen Namen, nämlich Nord/Au, zu wählen. Jens Malte Fischer bestreitet die These der künstlichen Arisierung, da Nordaus Entwicklung diese widerlege.[18] Nach Christoph Schulte war die spätere Entwicklung Nordaus zum selbstbewussten Juden und Zionisten keineswegs vorprogrammiert. Denn aus dem in seiner Pariser Wahlheimat als deutscher Schriftsteller bekannten Nordau machten erst der Antisemitismus und Theodor Herzl einen Zionisten.[19] Die Namensänderung in Pest sollte die jüdische Herkunft verbergen, und bis zu seiner Hinwendung zum Zionismus war Nordau jahrzehntelang damit beschäftigt, „jede Spur des Jüdischen in seinem öffentlichen Auftreten" zu tilgen.[20] Die Umwandlung vom jüdischen Südfeld zum deutschen Nordau bedeutete für ihn eine „Umwertung und Aufwertung [...]. Denn Deutsch ist die Schriftsteller- und Schriftsprache des Max Nordau, nicht das Jiddisch der Eltern, nicht das Ungarisch seiner Pester

---

[16] Gefunden im Jüdischen Museum Budapest und im Innenministerium unter der Nummer 13138/1873 registriert. Vgl. auch Schulte, *Psychopathologie*, S. 30–32, sowie Nordau, *Erinnerungen*, S. 21. Manche Tageblätter berichteten regelmäßig über Namensveränderungen. Bezüglich Nordau lässt sich Folgendes dem *Ungarischen Lloyd* entnehmen: „(Namensveränderung.) Der Pester Einwohner Simon Max Südfeld hat seinen Familiennamen in »Nordau« umgeändert." *Ungarischer Lloyd* (Abendblatt), Nr. 87 v. 16. April 1873, S. 2 (Der *Ungarische Lloyd* existierte zwischen 1867 und 1876.)

[17] Vgl. Nordau, *Erinnerungen*, S. 21, Schulte, *Psychopathologie*, S. 32.

[18] Jens Malte Fischer: Dekadenz und Entartung: Max Nordau als Kritiker des Fin de siècle, in: Roger Bauer (Hg.): *Fin de siècle* (= Studien zur Philosophie und Literatur des 19. Jahrhunderts, Bd. 35), Frankfurt a. M. 1997, S. 93–111, hier S. 94.

[19] Schulte, *Psychopathologie*, S. 27.

[20] Schulte, *Psychopathologie*, S. 25.

Umwelt."[21] Schulte bezeichnet die Wahl dieses Namens als einen „politischen und weltanschaulichen Akt", sowohl gegen das Jüdische als auch gegen das Ungarische.[22]

Nordau wurde bereits als Schüler damit konfrontiert, dass infolge des Oktoberpatents von 1861 Ungarisch zur offiziellen Behörden- und Unterrichtssprache erklärt wurde. Im Mittelpunkt stand nun ein Unterrichtswesen, das im Geiste des ungarischen Nationalismus gestaltet war. Sein Vater, Gabriel Südfeld, der bislang als deutschsprachiger Hauslehrer seinen Lebensunterhalt verdient hatte und die ungarische Kultur zutiefst verachtete, verlor dadurch seine Anstellung, was die Familie Südfeld ihres finanziellen Unterhalts beraubte. Die Magyarisierung empfanden sie sowohl kulturell als auch finanziell als eine Zeit des Abstiegs. Diese bittere Erfahrung seiner Jugendjahre prägte auch Nordaus Bestseller *Entartung* (1892/1893), in dem er jede Abweichung von der Kultur Goethes und Schillers als einen Schritt in Richtung kultureller Entartung und Dekadenz betrachtete.

Der junge Nordau erlebte vor allem die Schattenseiten des freien ungarischen Vielvölkerstaates: Als Mitglied der deutschen und zugleich jüdischen Minderheit war er insbesondere der Unterdrückung durch die Mehrheit der Magyaren ausgesetzt. Die Assimilierung an das Magyarentum stieß ihn ab; er strebte danach, deutscher Schriftsteller zu sein. Mit der Namensänderung glaubte er das Jüdische abgestreift zu haben; um jedoch dem ungarischen Einfluss zu entkommen, sah er sich gezwungen, seine gewohnte Umgebung zu verlassen.

Der angehende Journalist

Dass Nordau schon in seiner frühen Jugend mit Zeitschriften in Berührung kam, ist naheliegend, denn geboren „als Sohn eines Mannes, der selbst lyrisch und dramatisch tätig war, ist er literarisch erblich belastet".[23]

---

[21] Schulte, *Psychopathologie*, S. 30. All seine im Druck erschienenen Dokumente sind unter der Signatur „Max Nordau" bekannt. Der Name Südfeld ist lediglich durch Nordau selbst überliefert.

[22] Schulte, *Psychopathologie*, S. 37. Die Assimilationsbestrebungen der Juden waren darauf ausgerichtet, einen ungarischen Familiennamen anzunehmen.

[23] Dr. Adolf Kohut: Max Nordau als Erzieher: Zu seinem sechzigsten Geburtstag, *Pester Lloyd*, Nr. 178 v. 29. Juli 1909, S. 1–4, hier S. 1. Von seinem Vater erschienen: Gabriel Südfeld: *Mathilde Douglas, oder die Gräfin als Hirtenmädchen: Ein romantische Schauspiel in 5 Akten*. Nach einer schottischen Novelle bearbeitet, Pest 1834. Zu seiner Person siehe: Miksa Grünwald: *Zsidó biedermeier* [Jüdisches Biedermeier] (= Minerva-Könyvtár, 112), Budapest 1937.

Nordau schrieb bereits im Gymnasium lyrische Gedichte und fungierte sogar als Redakteur einer handschriftlichen Monatsschrift. Er hatte zwei Redaktionskollegen, die, wie er, noch die Schulbank drückten. Der eine hieß Josef Hampel (1849–1913) und wurde später Direktor der archäologischen Abteilung des Nationalmuseums in der ungarischen Hauptstadt. Der zweite war Franz von Juraschek (1849–1910), der später Professor für Nationalökonomie an der Grazer Universität wurde.

Mit vierzehn Jahren sah sich Nordau erstmals gedruckt: Ein Wochenblättchen seiner Vaterstadt veröffentlichte ein Rätsel in Versen von ihm. „Die volle Wonne des Gedrucktseins empfand er jedoch bei dieser Gelegenheit noch nicht ganz, denn das Gedicht war nur mit den Anfangsbuchstaben seines Namens unterzeichnet."[24] Ab August 1863 begann seine „regelmäßige Mitarbeit" an der Halbmonatsschrift *Der Salon – Organ für Belletristik, Kunst und Mode*.[25] Die Zeitschrift erschien am 6. und 20. jeden Monats mit Modebildern, Schnitten, Musterzeichnungen in natürlicher Größe, Stoffmustern und zahlreichen Anleitungen zu Handarbeiten. Zum ersten Mal debütierte Nordau als Poet unter seinem vollen Namen mit dem Gedicht *Heimweh*, das im August 1864 erschien.[26] Im folgenden Jahr veröffentlichte er in den Rubriken „Gedichte",[27] „Novellen und Erzählungen",[28] „Skizzen, Sagen, Märchen"[29] sowie in den „Bunten Mittheilungen"[30] sämtliche Beiträge.

---

[24] Kohut, Max Nordau als Erzieher, S. 1. Auf die Tatsache wurde bereits beim Namenswechsel hingewiesen.

[25] In der Ungarischen Nationalbibliothek ist lediglich der 3. Jahrgang (1865) unter der Signatur FM3/5090 vorhanden. Im selben Verlag erschien auch ein ähnliches ungarisches Organ unter dem Titel *Pesti Hölgy-Divatlap* [Pester Damen-Modenzeitschrift], das belletristische und Modebeiträge vereinte. Eigentümer des Organs war Johann von Király, als Hauptmitarbeiter wurde Moritz Strassmann angegeben.

[26] Erschienen im *Salon*, Nr. 16 v. 20. August 1864. Vgl. Kohut, Max Nordau als Erzieher, S. 1.

[27] Gedichte im *Salon*, 1865: *Mein Lied* (5*4 Zeilen, S. 17), *Sternschnuppen* (7*4 Zeilen, S. 52), *Das Meer der Liebe* (9*4 Zeilen, S. 100), *Das Meer* (1*70 Zeilen, S. 217), *Wunsch* (6*4 Zeilen, S. 241), *Rosenmärchen* (7*6 Zeilen, S. 268).

[28] Novellen und Erzählungen im *Salon*, 1865: *Das schöne Raizenmädchen*. Novelle nach dem Ungarischen des Obernyik von Max Nordau, S. 25. In der Inhaltsangabe zwar verzeichnet, konnte das Werk jedoch nicht gesichtet werden, da einige Blätter fehlen. Weiterhin: *Ein Melodrama*. Novelle, nach dem Ungarischen des G. Lauka von Max Nordau, S. 126–127 u. 135–137.

[29] Skizzen, Sagen, Märchen im *Salon*, 1865: *Sechs Geschenke*. Mythe von Max Nordau. Gedruckt im Feuilleton, S. 152–153.

[30] Bunte Mittheilungen im *Salon*, 1865: *Die Eröffnung des deutschen Theaters in Pest*. Signatur Max Nordau, S. 213.

Bis Oktober 1865 schrieb er im *Salon* und in zwei anderen Wochenschriften (u. a. im *Entre-Acte*) etwa 50 Beiträge, Märchen, Gedichte, Abhandlungen und literarische sowie Theaterkritiken.[31] In der Nr. 23 vom 6. Dezember 1865 wurde bekanntgegeben, dass das Blatt wegen mangelnden Interesses eingestellt wird.[32]

Nordau gibt in seinen *Erinnerungen* an, in seiner frühen Jugend für mehrere Presseorgane gearbeitet zu haben; unter anderem war er als Theaterkritiker für *Entre-Acte* tätig.[33] Dies soll von besonderer Bedeutung für ihn gewesen sein, da er der Zeitschrift in seinen Memoiren eine ganze Seite widmet.[34] Das Magazin war seit 1866 Teil der Verlagsanstalt der Gebrüder Deutsch, eines mittelständischen Unternehmens, das sich in den 1860er Jahren nicht auf dem Gebiet der Tagespresse und Volksblätter etablierte, sondern sich auf Unterhaltungsblätter spezialisierte. Zu den wichtigsten Titeln des Verlags gehörten neben dem *Zwischenakt* die Periodika *Magyarország és a Nagyvilág*, *Képes Világ* und *A Divat*.[35] Es ist anzunehmen, dass Nordau mit redaktionsinternen Aufgaben, Übersetzungen und ähnlichen Tätigkeiten sowohl für ungarische als auch für deutschsprachige Blätter betraut wurde.[36] Fest steht, dass die Gebrüder Deutsch Nordau 1865 mit der Übersetzung des von Max Falk redigierten *Akademischen Albums*[37] beauftragten. Dieser Moment ist deshalb

---

[31] Vgl. Nordau, *Erinnerungen*, S. 23.

[32] In Nordaus *Erinnerungen* mit dem Titel *Poesie, Kunst und Wissenschaft* angegeben. Vgl. Anm. 17.

[33] *Entre Acte* entspricht dem zwischen 1863 und 1869 erschienenen Organ *Zwischenakt: Blätter für Theater, Musik, Kunst und Tagesereignissse*. Signatur in der OSZK: FM3/2940.

[34] Nordau, *Erinnerungen*, S. 25.

[35] Vollständiger Name: Deutsch Testvérek Irodalmi és Művészeti Intézet / Literarische und Künstlerische Anstalt der Gebrüder Deutsch, auch Gebrüder Deutsch – Lithografie, Buchdruckerei & Kunstanstalt. Sie waren Eigentümer und Verleger der Organe *Magyarország és a Nagyvilág*, [Ungarn und die weite Welt], gegründet 1865, *Képes Világ* [Illustrierte Welt], gegründet 1866, *A Divat* [Die Mode], gegründet 1866.

[36] Aus dem Zeitungskopf der Blätter geht hervor, dass die Redaktion der *Magyarország és a Nagyvilág*, *A Divat* sowie des *Pester Lloyd* in der Dorotheagasse 14 untergebracht war, was es Nordau ermöglichte, an mehreren Stellen zu arbeiten. Einige Jahre später, 1871/1872, erschien bei den Gebrüdern Deutsch in der Bálványstraße die *Ungarische Illustrirte Zeitung*, ein Beiblatt des *Pester Lloyd*, bei dem Max Nordau als Redakteur tätig war. Ebenfalls zu dieser Zeit und am gleichen Ort wurde die *Képes Világ* von Kiss redigiert. Siehe: Hedvig Ujvári: Max Nordaus Tätigkeit für die Ungarische Illustrirte Zeitung, *Zeitschrift für Religions- und Geistegeschichte* 58 (2006)1, S. 67–72.

[37] Max Falk et al.: *Gedenkbuch zur Eröffnungsfeier des ungarischen Akademie-Palastes*, Pest, Gebrüder Deutsch, 1865.

von Bedeutung, weil der anerkannte Journalist und spätere Chefredakteur des *Pester Lloyd*, Max Falk (1828–1908), Nordau zu diesem Zeitpunkt noch nicht persönlich kannte und dem Verlag zunächst seine Bedenken äußerte. Die Verleger bemühten sich jedoch, ihn davon zu überzeugen, dass es sich um einen sehr jungen, aber außerordentlich talentierten Übersetzer handelte, von dem in deutschsprachigen Zeitschriften bereits Gedichte und Märchen veröffentlicht worden waren.[38] Zwei Jahre später nahm Falk Nordau beim *Pester Lloyd* unter Vertrag.

Nordau verfasste während seiner Gymnasialzeit auch satirische Dichtungen größeren Umfangs à la Heinrich Heine, inspiriert von dessen *Wintermärchen* und *Atta Troll*, sowie andere, teils umfangreiche Poesien. „Der junge Stürmer und Dränger wagte den Versuch kurz vor Ausbruch des deutsch-österreichischen Krieges, im Jahre 1866, sein satirisches Epos »*Deutschland*« der Firma F. A. Brockhaus in Leipzig zum Verlag anzubieten."[39] Das Werk bestand aus zehn Gesängen, von denen jeder etwa 750 Verse zählte. Der Verlag sandte nach vierzehn Tagen das Manuskript mit der Begründung zurück, dass er zu seinem Bedauern aufgrund der politischen Lage nichts verlegen könne. Diese Erstlingsarbeit wurde nie veröffentlicht.[40]

Im Herbst 1866 ging Nordau für ein Jahr als Hauslehrer aufs Land, nach Rákoskeresztúr.[41] Zu dieser Zeit kannte er bereits József Kiss, der während seiner Wanderjahre im Sommer 1865 kurz in Pest verweilt hatte, um die

---

[38] Siehe den Brief der Gebrüder Deutsch an Max Falk vom 20. November 1865. Signatur in der OSZK: Fond IV/202.

[39] Vgl. Kohut, Max Nordau als Erzieher, S. 1. Vgl. auch Nordau, *Erinnerungen*, S. 26–27. Das Thema wird in mehreren Briefen aufgegriffen.

[40] In der Hebrew University sind vermutlich die Kapitel 4–8 archiviert (S. 81–176). Signatur: Maxa Nordau Collection ARC 4* 2010 2 9. https://www.nli.org.il/en/archives/NNL_ARCHIVE_AL990044129020205171/NLI (letzter Abruf: 29.11.2025).

[41] Ausführlich dazu finden sich Informationen in den aus Rákoskeresztúr verfassten Briefen an Kiss. Die Ortschaft liegt unweit von Pest und ist heute Teil der ungarischen Hauptstadt. Aus dem Briefwechsel geht hervor, dass Nordaus rege journalistische Tätigkeit und sein Hauslehrerdasein mit dem Unterricht bei den Kalvinisten in Einklang gebracht werden konnten, was durch deren größere Autonomie begünstigt wurde. Nordau folgte vermutlich einem individuellen Lehrplan, da er vor dem Abitur die Prüfungen der letzten drei Gymnasialklassen auf einmal ablegte.

Börse für jüdische Hauslehrer zu besuchen. Außerdem knüpfte Nordau Bekanntschaften mit jungen Schriftstellern, vermutlich auch mit József Kiss.[42]

Im Jahr 1867 legte Nordau die Matura und begann sein Medizinstudium in Pest. Über die Gründe für seine Studienwahl gibt es nur Vermutungen, da keine konkreten Äußerungen von ihm selbst überliefert sind. Erwähnenswert ist jedoch, dass bei Juden die traditionelle Bildung – insbesondere aufgrund ihrer Mehrsprachigkeit – einen hohen Stellenwert hatte. Gleichzeitig wurde der weltlichen Bildung große Bedeutung beigemessen, die häufig mit einer Orientierung hin zu angesehenen Berufen einherging. Zu diesen gehörte vor allem der Arztberuf, der vielerorts als jüdischer Beruf par excellence galt.

Parallel zu seinem Studium war Nordau seit 1867 für das renommierteste deutschsprachige Tageblatt Ungarns, für den *Pester Lloyd*, tätig.[43] Welche Aufgabenbereiche er dort betreute und wie umfangreich seine Tätigkeit tatsächlich war, lässt sich anhand der veröffentlichten Artikel nicht eindeutig feststellen. Nach der Anzahl seiner Feuilletons zu urteilen, scheint seine Tätigkeit beim Blatt eher geringfügig gewesen zu sein; vermutlich wurde er jedoch auch mit redaktionsinternen Aufgaben betraut. Sein Debüt beim *Pester Lloyd* erfolgte Ende 1867,[44] während er erst ab September 1872 eine rege journalistische Tätigkeit entfaltete.[45] *„Schon mit achtzehn Jahren saß er als Mitarbeiter in den Redaktionsräumen dieses Blattes und bewährte sich als überaus gewandter, die Zeitereignisse und Vorgänge auf den mannigfachsten Gebieten mit großem Geschick und glänzendem Verständnis kommentierender Zeitungsschreiber. Man kann sagen, daß dieses größte deutsche Blatt Ungarns der beste Lehrmeister Nordaus wurde. Sein Stil wurde immer flüssiger, seine dialektische Schlagfertigkeit immer bemerkenswerter und auch sein Horizont erweiterte sich zusehends."*[46]

---

[42] Jenő Zsoldos: Korai fejezetek Kiss József életéből [Frühe Kapitel aus dem Leben von József Kiss], in: *MIOK Évkönyv 1971/1972*, red. v. Sándor Scheiber, Budapest 1972, S. 81–103, hier S. 81–82.

[43] Ujvári, *Dekadenzkritik*, S. 47–170.

[44] Max Nordau: Das Altarbild, *Pester Lloyd*, Nr. 263 v. 9. November 1867, S. 2.

[45] Während des Briefwechsels erschienen von Nordau noch folgende Beiträge im *Pester Lloyd*: Ein Frauenbild aus der siebenbürgischen Geschichte (Nr. 230 v. 25.09.1868, S. 2–3), Ein Eisenbahn-Abenteuer (Nr. 259 v. 29.10.1868, S. 2–3), „Freie Kirche im freien Staate" (Nr. 283 v. 26.11.1868, S. 2–3) sowie Slovakische Weihnachtsgebräuche (Nr. 301 v. 17.12.1868, S. 2–3).

[46] Kohut, Max Nordau als Erzieher, S. 1.

Wanderjahre

Ab Frühjahr 1873 war Nordau im Dienst des *Pester Lloyd* als Korrespondent für die Weltausstellung in Wien tätig und verfasste in diesem Jahr etwa 100 Feuilletons.[47] Ende des Jahres bereiste er Deutschland und Nordeuropa. Ab April 1874 begab er sich auf eine lang ersehnte Bildungsreise, deren Route sich anhand der Titel seiner Feuilletons nachvollziehen lässt: Petersburg, Moskau, Berlin, England, Island und Frankreich. Für den *Pester Lloyd* schrieb er regelmäßig im Februar und März 1874 während des Kaiserbesuches in Petersburg. Einige Monate später übermittelte er dem Blatt zahlreiche Beiträge aus Island, wobei die Korrespondenz zeitweise für zwei Monate unterbrochen war. Aus dem Jahr 1875 hingegen ist eine beachtliche Anzahl an Briefen aus der französischen Provinz erhalten.[48] Die Eindrücke dieser bewegten Jahre fanden ihren Niederschlag in Nordaus Buch *Vom Kreml zur Alhambra.*

Ende 1875 kehrte er nach Pest zurück und legte am 21. Dezember 1875 sein erstes Rigorosum an der „Budapesti Magyar Királyi Tudomány Egyetem" [Budapester Ungarische Königliche Universität] ab. Im Rigorosumsprotokoll wurde er als „Südfeld (Nordau) Simon" eingetragen.[49] Seine Gesamtleistung wurde mit „ziemlich gut" (1/2) benotet.[50] Am 17. Januar 1876 stellte Nordau den schriftlichen Antrag, das zweite Rigorosum vorzeitig ablegen zu dürfen,[51] und absolvierte dieses am 24. Januar 1876 erfolgreich. In der Rubrik „Vor- und Nachname" ist der Name „Nordau (Südfeld) Miksa" vermerkt, seine Gesamtleistung: „genügend" (2/2).[52] Die knapp ausreichenden Leistungen sprechen für sich: Nordaus journalistische Tätigkeit und die Reisen beanspruchten so viel Zeit, dass ein seriöses, intensives und vor allem kontinuierliches Studium kaum möglich war.

---

47 Hedvig Ujvári: *Zwischen Bazar und Weltpolitik: Die Wiener Weltausstellung 1873 in Feuilletons von Max Nordau im Pester Lloyd*, Berlin 2011.

48 Ujvári, *Dekadenzkritik*, S. 125–170.

49 Orvostudományi Kar. Szigorlati jegyzőkönyvek 1811–1951. SEKL Fond 1. 49653, 1/c. 15/19 [Rigorosumsprotokoll]. Fund: Archiv der Budapester Medizinischen Universität SOTE.

50 Ebd.

51 Iktató [Registratur] 1875/1876. Ügyviteli könyv [Verwaltungbuch]. SEKL I. b. 23. Fund: Archiv der Budapester Medizinischen Universität SOTE.

52 Siehe: Rigorosumsprotokoll.

Einige Tage später, am 31. Januar, kam es zum Bruch mit dem *Pester Lloyd*. Zwei Tage darauf wurde Nordau vom *Neuen Pester Journal* engagiert. Doch Budapest schien ihm keine dauerhafte Bleibe zu sein: Am 1. Mai 1876 brach er nach Paris auf. Dort arbeitete er teils als praktischer Arzt, teils schrieb er für mehrere Zeitungen. Für das *Neue Pester Journal* schickte er zahlreiche Pariser Sittengemälde, viele davon fanden später ihren Weg in sein Werk *Paris: Studien und Bilder aus dem wahren Milliardenlande*.[53]

Ende 1878 kehrte er als anerkannter Journalist nach Budapest zurück. Er betätigte sich als Arzt, hielt literarische Vorträge, auch außerhalb der Landesgrenzen, und führte Verhandlungen mit Verlegern. Als Pariser Korrespondent der *Vossischen Zeitung* hatte er sich etabliert. Die ungarische Hauptstadt besuchte er – so weit bekannt – als aktiver Zionist und Redner erst im 20. Jahrhundert wieder.

Wahlheimat Paris

Im Jahr 1873 war Nordau erstmals für längere Zeit als Wiener Korrespondent des *Pester Lloyd* von seiner Familie getrennt. Während dieser Phase entwickelte sich ein intensiver Briefwechsel mit seiner Schwester Lotti. In diesen Schreiben bewertete Nordau das Pester Blatt abwertend als „Provinzblatt", das im kulturell und gesellschaftlich anspruchsvollen Wien keinen nachhaltigen Eindruck hinterlassen könne. Ebenso bezeichnete er die ungarische Hauptstadt als „Provinzstadt", die ihm keine dauerhafte Lebensperspektive zu bieten vermöge. Wenige Monate später schlug er sogar ein Angebot der von ihm hochgeschätzten *Neuen Freien Presse* aus, als deren Pester Korrespondent tätig zu werden.

Nordau ließ sich zunächst 1876 und schließlich dauerhaft 1880 in Paris nieder. Zuvor hatte er einen längeren Artikel in der Leipziger *Gartenlaube* veröffentlicht, in dem er sich vehement gegen die Magyarisierungstendenzen aussprach. (Dass dieses Blatt als führendes antisemitisches Organ in Deutschland galt, ignorierte Nordau in diesem Zusammenhang.) Die ursprüngliche Fassung des Artikels, betitelt *Deutschenhetze in Ungarn*, war derart polemisch, dass sie von der Redaktion abgelehnt wurde – man befürchtete finanzielle Einbußen und hielt sogar eine Einstellung des Blattes in Ungarn

---

[53] Ujvári, *Dekadenzkritik*, S. 171–246.

für möglich.[54] Nordau entschärfte daraufhin seinen Beitrag, der schließlich unter dem Titel *Die Deutschen in Ungarn* veröffentlicht wurde, signiert mit „Ein Deutsch-Ungar".[55]

Der Artikel behandelt ausführlich die Geschichte der Deutschen in Ungarn und kommt zu dem Schluss, dass die deutsche Sprache und Kultur dort aus historischer und rechtlicher Perspektive so legitim seien, dass die nach 1861 eingeführten Magyarisierungsmaßnahmen als skandalös anzusehen seien. Besonders betroffen war das Bildungswesen, da das Ungarische anstelle des Deutschen zur offiziellen Unterrichts- und Behördensprache erklärt wurde. Auch das Alltagsleben der Deutschen wurde erheblich erschwert, da bei den Behörden häufig sprachliche Barrieren überwunden werden mussten. Hinzu kamen soziale Schikanen: Deutschsprachige Beschriftungen auf Geschäften oder Firmenschildern wurden nicht geduldet, ebenso wenig wie Vereine oder Familien, in denen Deutsch gesprochen wurde.

Das gesamte ungarische geistige Leben werde, so Nordaus Einschätzung, durch die Sprachdebatte in Mitleidenschaft gezogen. Gleichzeitig mahnte er, dass Ungarn, sofern es nicht zweisprachig bleibe und sich stattdessen für das im Ausland schwer verständliche Ungarisch entscheide, in eine Isoliertheit geraten würde, die den Verlust der Kontakte zur europäischen Kulturgemeinschaft zur Folge hätte und Ungarn mit „asiatischen Zuständen" rechnen müsse. Nordau war der Überzeugung, dass die deutsche Sprache den Weg für das Ungartum nach Europa ebnen könne, während die Einsprachigkeit das Volk zugrunde richten würde. Für sich selbst sah er in einem solchen Land keine Zukunft mehr; als einzigen Ausweg blieb ihm die Emigration.[56]

Am 1. Mai 1876 brach er als freischaffender Journalist nach Paris auf, begleitet von seiner Mutter und Schwester. Der erste Aufenthalt in Paris dauerte bis 1878, bevor die Familie nach Pest zurückkehrte, wo Nordau als Geburtshelfer und Frauenarzt praktizierte. 1880 erfolgte jedoch die endgültige

---

[54] Das 1853 in Leipzig gegründete illustrierte Familienblatt *Gartenlaube* galt als das erste erfolgreiche deutsche Massenblatt. 1875 wurde die Zeitschrift in etwa 380.000 Exemplaren verkauft, vor allem in Deutschland sowie im Gebiet der Österreichisch-Ungarischen Monarchie. Auf die Zeitschrift wurde unter anderem auch im *Pester Lloyd* regelmäßig hingewiesen.

[55] Ein Deutsch-Ungar: Die Deutschen in Ungarn, *Gartenlaube*, 1880, Heft 25, S. 403–407.

[56] Vgl. Schulte, *Psychopathologie*, S. 93–96.

Übersiedlung. Hinsichtlich der Beweggründe können nur Vermutungen angestellt werden, doch es lässt sich mit Sicherheit sagen, dass die besseren Arbeitsmöglichkeiten für einen freischaffenden Journalisten in der französischen Hauptstadt sowie der internationale Ruf der Pariser medizinischen Fakultät eine bedeutende Rolle spielten.[57]

In Paris verteidigte Nordau seine Doktorarbeit. Im September 1882 eröffnete er eine eigene Praxis als Frauenarzt und Geburtshelfer. In den frühen 1890er Jahren wurde er unter anderem zum Hausarzt der Familie Theodor Herzl."[58]

In Budapest fiel Max Nordau nicht der Vergessenheit anheim. Der *Pester Lloyd*, trotz des Bruchs zwischen Nordau und der Zeitung im Jahr 1876, verfolgte weiterhin sowohl seine literarische Tätigkeit als auch seine ärztliche Laufbahn. 1876 veröffentlichte Adolf Dux eine Rezension mit dem Titel *Aus dem wahren Milliardenlande*, die Nordaus erste Erlebnisse in Paris behandelt. Im November 1878 berichtete das Blatt, dass Nordau nach seiner Rückkehr aus Paris beabsichtigte, sich in Budapest als Arzt niederzulassen. Zur Vorbereitung darauf hatte er bereits Fachartikel in der *Medizinisch-Chirurgischen Presse* veröffentlicht. Eine Woche später gab die Zeitung die Ordinationszeiten des Frauenarztes und Geburtshelfers Dr. Max Nordau bekannt.[59]

Im Juni 1879 widmete sich Julius Frei in einem Artikel mit dem Titel *Der literarische Kongreß* dem in London abgehaltenen literarischen Kongress, an dem auch Nordau teilnahm. Im Dezember desselben Jahres erschien sowohl im *Pester Lloyd* als auch im *Neuen Pester Journal* eine Rezension von Nordaus Band *Vom Kreml zur Alhambra*. Nach seiner endgültigen Übersiedlung nach Paris veröffentlichte der *Pester Lloyd* erneut eine Buchbesprechung zur zweiten Auflage von *Aus dem wahren Milliardenlande*. Im August 1885 würdigte Adolf

---

[57] Schulte, *Psychopathologie*, S. 79–82, Ujvári, *Dekadenzkritik*, S. 180–182. Vgl. auch Gerhard R. Kaiser: „Vulkan", „Feerie", „Lusthaus": Zur deutschen Berichterstattung aus Paris zwischen 1848 und 1884, in: Conrad Wiedemann (Hg.): *Rom–Paris–London: Erfahrung und Selbsterfahrung deutscher Schriftsteller und Künstler in den fremden Metropolen* (= Germanistische-Symposien-Berichtsbände, 8), Stuttgart 1988, S. 479–511, hier S. 480.

[58] Schulte, *Psychopathologie*, S. 110–112.

[59] Ujvári, *Dekadenzkritik*, S. 29, 169.

Silberstein Nordaus *Paradoxe*. Auch im 20. Jahrhundert erschien Nordaus Name regelmäßig in der Zeitung.

Aber nicht nur die Zeitung selbst, sondern auch Nordau verfolgte das ungarische literarische Leben mit großem Interesse – und dies noch drei Jahrzehnten nach seinem Weggang. Ein Beispiel hierfür ist die 1910 in Ignaz Schnitzers Übersetzung erschienene Gedichtsammlung von Sándor Petőfi (1823–1849), die Nordau umgehend für die *Neue Freie Presse* rezensierte. Bereits 1872 hatte Nordau als Redakteur der *Ungarischen Illustrirten Zeitung* Petőfi-Übertragungen von Schnitzer veröffentlicht.

Ein Bonmot aus den Erinnerungen von Jenő Heltai (1871–1957), einem Cousin Theodor Herzls, belegt die ununterbrochene Aufmerksamkeit, die Nordau der ungarischen Literatur schenkte: *„Ich war Mitarbeiter des Magyar Hirlap zur Zeit der Pariser Weltausstellung 1900. […] Magyar Hirlap entsandte mich als »Spezialberichterstatter« unseres Blattes. […] Eines Tages, so nach elf Uhr vormittags, kam ich aus dem indischen Ausstellungpavillon, als ich zwei Männer mit langem Bart begegnete. Mit großer Freude erkannte ich meinen Cousin, Theodor Herzl, und in dem anderen Mann Max Nordau, den ich persönlich nicht kannte, lediglich von Photos. […] Wir prallten fast aufeinander, als mich Theodor erkannte. Mit offensichtlicher Freude, lauter Begrüßung umarmte und stellte er mich Max Nordau vor: – Mein Cousin, Jenő Heltai. – Nordau unterbrach ihn: – Hör auf – sagte er, – das weiß ich. Ich kenne doch die neue ungarische Literatur…"*[60]

Ausblick: Nordaus „Nachsommer"

Im Jahr 1891 verlor Nordau das durch seine schriftstellerische Tätigkeit erworbene Vermögen durch Börsenspekulation. Besonders schicksalsträchtig war das Jahr 1892: Nordau lernte den Paris-Korrespondenten der *Neuen Freien Presse*, den ebenfalls aus Ungarn stammenden Theodor Herzl (1860–1904), kennen. Angesichts des zunehmenden Antisemitismus konnte Herzl Nordau vom Gedanken und der Notwendigkeit eines Judenstaates überzeugen. Auf dem ersten Zionistenkongress in Basel (1897) waren sie bereits Mitstreiter dieser Idee.

---

[60] Andor Zsoldos: *Theodor Herzl: Emlékezések* [Theodor Herzl: Memoiren], New York 1981, S. 26.

Den Ausbruch des Ersten Weltkrieges erlebte Nordau in Paris, konnte jedoch mit seiner Familie nach Spanien fliehen. Sein Vermögen in Frankreich wurde aber vollständig konfisziert. Auch die Zusammenarbeit mit der *Vossischen Zeitung* musste nach 35 Jahren beendet werden, da das Blatt in den Besitz des Ullstein Verlags übergegangen war. Während der Kriegsjahre verdiente Nordau seinen Lebensunterhalt durch Artikel für Zeitungen in Italien, Nordamerika, Argentinien, sowie in Wien und Budapest. In Paris konnte er sich erst 1920 wieder niederlassen, dank der Vermittlung des griechischen Ministerpräsidenten Venizelos.[61] Sein Herzleiden verschlechterte sich jedoch zunehmend, bis er ihm im Januar 1923 erlag. Sein Sarg wurde 1926 nach Tel Aviv überführt.[62]

---

[61] Eleftherios Venizelos (1864–1936) war von 1910 bis 1920 sowie erneut von 1928 bis 1933 Premierminister von Griechenland.

[62] Schulte, *Psychopathologie*, S. 389–399.

József Kiss
Lehr- und Wanderjahre

Der ungarische Dichter und Zeitungsredakteur József Kiss hielt in seinen Erinnerungen fest, dass über die Kämpfe seiner Wanderjahre (1862–1867) nichts für die Nachwelt überliefert sei. Er selbst, so betonte er, sei der Einzige, der darüber Auskunft geben könne. Mit einer beinahe warnenden Geste richtete er sich an die Literaturwissenschaftler und erklärte, dass jegliche Nachforschungen, falls solche überhaupt unternommen würden, sinn- und zwecklos seien, da sich keine Spuren finden ließen.[63] Ganz unrecht hatte er mit dieser Einschätzung nicht: Bereits von seinen Zeitgenossen wurden Leben und Werk eingehend beobachtet, bewertet und kritisch gewürdigt.[64] Die ungarische Literaturgeschichtsschreibung begann jedoch seinen schriftstellerischen Werdegang systematischer erst ab 1868 zu verfolgen, dem Jahr, in dem sein Erstlingswerk *Jüdische Lieder* erschien.

Im Jahr 2018 wurde ein Autograf veröffentlicht, in dem Kiss für das von Otto Spamer redigierte *Illustrirte Konversations-Lexikon* seinen bisherigen Werdegang beschrieb.[65] Auch wenn diese Aufzeichnungen den Zeitraum seines Briefwechsels mit Max Nordau übersteigen, sollen sie hier dennoch in voller Länge wiedergegeben werden.[66] Sie dokumentieren die Zeitspanne bis zu seiner endgültigen Niederlassung in Budapest und decken damit jene vielseitigen und ereignisreichen Wanderjahre ab, die für seine Entwicklung von zentraler Bedeutung waren: *„Josef Kiss wurde im Jahre 1843 30 November*

---

[63] *Kiss József és kerek* asztala, S. 47.

[64] Als Ausgangspunkt für jede Biografie gilt Károly Glatz: *Kiss József: Irodalmi tanulmány* [Literarische Studie], Budapest 1904. Auf dieser Basis verfasste Mózes Rubinyi kurz nach dem Ableben des Dichters: *Kiss József élete és munkássága* [Das Leben und Werk von József Kiss], Budapest 1926.

[65] *Illustrirtes Konversations-Lexikon: Vergleichendes Nachschlagebuch für den täglichen Gebrauch*, Bd. 1–10. Leipzig, Berlin: Otto Spamer, 1870–1882. Der Verleger trachtete einen Artikel über Kiss in den Ergänzungsband 10 (G–Z, 1882) aufzunehmen. Kiss stellte ihm die gewünschten Informationen im November 1880 aus Temesvár zur Verfügung. Der Autograf befindet sich im Liszt Ferenc Archiv Budapest–Göppingen. Siehe: Lajos Gracza: Kiss József német nyelvű autográf önéletírása [Die deutschsprachige autografische Selbstbiografie des József Kiss], *Irodalomtörténeti Közlemények* 122 (2018)6, S. 803–808.

[66] In der Orthografie des Originals.

in Mezö Csáth Borsoder Comitat geboren.[67] *Seine Kinderjahre verlebte er in dem reizenden Rimathal im Gömörer Comitat,*[68] *wohin seine damals ziemlich wohlhabenden Eltern aus der Theis-Gegend nach der Revolution übersiedelten, die ersten Juden, welche diesen der allgemeinen Freizügigkeit eröffneten Landstrich occupiren durften. Die Bevölkerung dieses Thales ist eine urmagyarische, und der Palóczen Dialekt*[69] *der landläufige. Die melodiöse kraftvolle Sprache des Volkes, seine Märchen, Sagen, Sprüche Lieder und der ganze unverfälscht naive Ideengang desselben übten nachhaltigen Einflusz auf die Geistesrichtung des Knaben, der schon mit 13 Jahren ganz annehmbaren Proben seiner dichterischen Begabung zu Tage förderte. Sein Vater widmete ihm dem Talmudstudium und schickte ihm zu einem der bedeutenderen Fachgelehrten in der Nähe Preszburgs. Nach einem Jahre jedoch vertauschte K. diese Lehranstalt mit der Hochschule in Debreczin, wo er einige Jahre – jedoch mit wenigen Erfolg – den Studien oblag. Nach dem Tode seiner Mutter 1860 verliesz K. bei Nacht und Nebel Debreczin, wo er in dem letzten Jahre mit den gräszlichsten Noth zu kämpfen hatte, und führte einen langen schönen Sommer hindurch ein vagirendes Leben auf den Heidedörfern Niederungarns, zog mit den Zigeunern auf der Puszta umher und dichtete eine Menge von den Liedern, von denen aber in seine spätere Sammlung nur weniges Aufnahme fand. Bis zum Jahre 1868 lebte er als Erzieher an verschiedenen Orten, und kam schlieszlich in diesem Jahre mit einem Heftchen Gedichte »Zsidó dalok« Aigner és Rautmann 1868 (Judenlieder) betitelt in die Landeshauptstadt nach Budapest. Das Heftchen fand eine mehr als freundliche Aufnahme und lenkte die allgemeine Aufmerksamkeit auf ihn. Von 1870–73 redigirte K. eine vielgelesene belletristische Wochenschrieft (»Képes Világ«) schrieb unter dem Pseudonim Rudolf Szentesi einen 8 bändigen Sensations-Roman: »Budapesti rejtelmek« redigirte 1876 das jüdische Jahrbuch: Zsidó Évkönyv Franklin Gesellschaft 1876. und gab in demselben Jahre seine Sammlung unter dem Titel: »Gedichte von Josef Kiss, Franklin Gesellschaft« heraus, welche einen ungewöhnlichen Erfolg errangen. Dieselben sind zum groszen Theile lyrischen Inhalts zeichnen sich durch Formvollendung und haben moderne Beziehungen zum Vorwurf. Beliebt und anerkannt sind*

---

[67] In der nordungarischen Region.

[68] Heute Teil der Slowakei.

[69] Die Palóczen (auch Palotzen) bezeichnen eine Bevölkerungsgruppe im Norden Ungarns. Unter den ungarischen Dialekten wird eine Gruppe der „Palóczen-Dialekte" unterschieden, die im Norden Ungarns sowie im Süden der Slowakei gesprochen werden.

seine Balladen, unter diesen hat die Ballade »Simon Judit« die meiste Verbreitung gefunden und zählt zu den schönsten Erzeugnissen der nach Arany'schen Periode. Gegenwärtig lebt K. in Temesvár als Secretär der isr. Gemeinde. Im J. 1878 wurde derselbe zum Mitglied der Petöfi-Gesellschaft gewählt."

Dieser in gedrungener Form wiedergegebene Lebenslauf überschneidet sich mit den Darstellungen der Literaturhistoriker. Bezüglich des Briefwechsels und der geistigen Orientierung von Kiss bedarf er jedoch der Ergänzung und Erläuterung.

József Kiss wurde 1843 in Mezőcsát (Nordungarn) geboren. Sein Vater betrieb einen kleinen Laden auf dem Lande, seine Mutter war die Tochter eines jüdischen Kantors, der vor dem Zarenregime aus Litauen geflüchtet war. Als Kiss drei Jahre alt war, zog die Familie nach Tiszacsege, 1850 erfolgte der Umzug nach Serke,[70] wo sein Vater Land pachtete.[71] In diesen Jahren übte der evangelische Pastor Sámuel Almási Balogh einen prägenden Einfluss auf die Bildung von Kiss aus. Er öffnete dem talentierten Jungen seine Bibliothek, führte ihn in die Werke ungarischer Autoren sowie in die Schriften von Goethe und Schiller ein und unterrichtete ihn in Geschichte und Französisch.[72]

Auch seine Eltern sorgten für seine Ausbildung, und dem Jungen wurde Hebräischunterricht erteilt. Im Elternhaus war ein gewisser Jakab Flamm als Hauslehrer für seine Erziehung verantwortlich, der trotz seiner jüdischen Abstammung eine starke Sympathie für das Ungartum und einen revolutionären Geist hegte.[73] Kiss las bereits in seiner Kindheit Werke der Nationalklassiker Sándor Petőfi, János Arany sowie Mihály Tompa. Obwohl er in seinem Heimatdorf wegen seiner jüdischen Abstammung häufig Demütigungen ausgesetzt war und dadurch das Bewusstsein für seine

---

[70] Die Gemeinde Širkovce (Serke) befindet sich in der heutigen Slowakei.

[71] Unter den biografischen Daten wird auch erwähnt, dass der Vater eine Schenke betrieben haben soll.

[72] Der reformierte Pastor von Serke, Sámuel Almási Balogh (1796–1867), war nicht nur ein einfacher Pastor, sondern verfasste auch literarische und ästhetische Schriften. Seine Leistungen wurden auch von der Ungarischen Akademie der Wissenschaften anerkannt, und er wurde zum korrespondierenden Mitglied gewählt. Zu seinem Freundeskreis gehörte u. a. der Dichter Mihály Tompa (1817–1868), einer der bedeutendsten Vertreter der sogenannten volksnationalen Richtung, dem auch Kiss in seinem Haus begegnete.

[73] Rubinyi, *Kiss*, S. 11.

Herkunft geweckt wurde, konnte nichts an seiner Hinwendung zur Literatur rütteln. Zwei prägende Erlebnisse sollten Kiss sein Leben lang begleiten: Einerseits seine tiefe Verankerung im Judentum, andererseits der Zauber der ungarischen Sprache und die damit verbundene Chance, durch die Literatur aufzusteigen.[74]

Da der Vater den Wunsch hegte, aus seinem Sohn einen Rabbiner zu machen, wurde er nach Miskolc geschickt.[75] Im Jahr 1854 verließ Kiss zum ersten Mal das engere familiäre Umfeld und die vertraute Umgebung von Serke, um in Miskolc Schüler der Jeschiwa zu werden. In der Stadt hatte er die Möglichkeit, sich sowohl mit dem urbanen, bürgerlichen und sozialen Leben des regionalen Zentrums vertraut zu machen als auch mit der religiösen Gemeinde und ihrem enstprechenden Umfeld in Kontakt zu treten. Die jüdische Schule wollte den allgemeinen Reichsanordnungen ebenso wie den religiösen Anforderungen gerecht werden, weshalb der Talmud-Tora-Unterricht auf den Nachmittag verlegt wurde.[76] Auch hier kam er mit einer reformierten Lehrkraft in Verbindung, da Ungarisch von einem älteren kalvinistischen Schüler unterrichtet wurde. Er mochte Kiss besonders, weil er im Vergleich zu seinen Mitschülern „als ein kleiner Professor" herausstach. Er besorgte ihm auch Werke der ungarischen Literatur.[77]

---

[74] Komlós: *Magyar–zsidó szellemtörténet a reformkortól a holocaustig* [Ungarisch-jüdische Geistesgeschichte vom Vormärz bis zum Holocaust], Bd. I–II, Budapest 1997, hier Bd. I, S. 229. Der Wunsch nach Ruhm und Anerkennung durchzieht das ganze Leben von Kiss, er wollte Literat werden, als ungarischer Dichter aufsteigen. Aber nicht aus Eitelkeit, sondern er wollte aus seinem engen Kreis in die Liebe einer ganzen Nation emporschwingen. Bei Kiss artikuliert sich Vaterlandsliebe und Idealismus in Form des Verlangens nach Ruhm, sein Leben ist das Drama des Wunsches nach Ruhm. Vgl. Komlós: *Magyar–zsidó szellemtörténet*, Bd. II, S. 189.

[75] In seiner Selbstbiografie wird dies jedoch nicht erwähnt. Miskolc liegt im Nordosten von Ungarn und galt bereits zu Kiss' Zeiten als wichtiges regionales Zentrum.

[76] Gábor Ács: Adalékok Kiss József pályakezdésének vitatott kérdéseihez [Ergänzungen zum umstrittenen Karrierebeginn von József Kiss], in: István Bicskey u. László Imre (Hg.): *Értékek kontextusa és kontextusok értéke* [Der Kontext von Werten und der Wert der Kontexte in der ungarischen Literatur des 19. Jahrhunderts] (= *Studia Litteraria Tomus XXXVIII*), Debrecen, 2000, S. 143–156, hier S. 143–147. Alle Biografen sind sich darüber einig, dass die systematische, institutionelle Bildung von Kiss damit ihren Anfang nahm.

[77] Glatz, *Kiss*, S. 28. Bei den Kalvinisten war es üblich, dass ältere Schüler den jüngeren Unterricht erteilten.

Es lässt sich vermuten, dass Kiss auch andere schulische Einrichtungen besucht und sich intensiv dem Studium gewidmet hat, da er nach nur drei Jahren das für vier Jahre angesetzte Lehrmaterial abarbeitete und eine Prüfung ablegte.[78] Allerdings bleibt fraglich, ob die rabbinischen Studien in Miskolc für Kiss wirklich systematisch waren. Denn neben den religiösen Lehrinhalten erhielt er Privatunterricht in Französisch und Tanz – Disziplinen, die zwar in den gehobenen weltlichen Kreisen von Bedeutung waren, aus der Perspektive der religiösen Studien jedoch eher unwesentlich erscheinen.

Darüber hinaus muss berücksichtigt werden, dass diese nicht ganz unorthodoxen Unterrichtseinheiten nur mit der nachsichtigen Unterstützung seines familiären Umfelds möglich gewesen sein dürften, auch wenn nicht zwingend eine ausdrückliche Erlaubnis erforderlich war. Ungeklärt bleibt zudem, wo genau Kiss in Miskolc untergebracht war. Ein strenger orthodoxer Verwandter oder ein rigoroses Internat wären kaum der geeignete Rahmen für solche außerordentlichen Unterrichtseinheiten gewesen, sodass es wahrscheinlich ist, dass er bei einer weniger traditionellen Familie oder in einem Umfeld untergebracht war, das ihm diese Freiheiten ermöglichte.

Für seine Zeit in Miskolc (bis 1857) kann jedoch als sicher angenommen werden, dass Kiss eine Vielzahl kultureller Impulse aus verschiedenen Richtungen erhielt. Besonders bemerkenswert ist, dass in seiner Ausbildung weniger die jüdischen Wissenschaften, sondern vielmehr die weltlichen deutschen und ungarischen Elemente dominierten, was eine tiefgreifende Prägung durch die säkularen kulturellen Strömungen jener Zeit verdeutlicht.[79]

Nach seinem Aufenthalt in Miskolc zog Kiss vermutlich zunächst in die Ortschaft Csorna (Westtransdanubien) und anschließend zu einem Rabbi in Jánoshalma (Ungarische Tiefebene). Doch auch dort hielt es ihn nicht lange: Er floh mit einem Begleiter zu Fuß nach Wien, um bei Verwandten unterzukommen. In Wien fasste er den endgültigen Entschluss, seiner Mutter mitzuteilen, dass er nicht die Laufbahn eines Rabbis einschlagen wolle. Da er jedoch nicht dauerhaft in Wien bleiben konnte, kehrte er nach einigen Umwegen und gesundheitlich angeschlagen ins Elternhaus zurück.[80]

---

[78] Ebd.
[79] Ács, Adalékok, S. 147–149.
[80] Rubinyi, *Kiss*, S. 14.

Mit fünfzehn Jahren, bereits deutlich älter als seine Klassenkameraden, wurde er nach Rimaszombat (heute: Slowakei) geschickt, wo er in die erste Klasse des Gymnasiums aufgenommen wurde. Schon bald erfolgte jedoch seine Versetzung in die zweite Klasse.[81] Im Jahr 1861 kam er nach Debrecen, einem Zentrum des Kalvinismus, wo er in die vierte Klasse einstieg. Doch auch hier fiel er in sämtlichen Fächern durch, da er sich ausschließlich dem Lesen und Schreiben von Gedichten widmete. Seine Mitschüler beschimpften ihn oft wegen seines Judentums, was seinen Wunsch, zu seiner kranken Mutter zurückzukehren, verstärkte. Dieser wurde ihm jedoch verweigert: Er musste bleiben und seine Ausbildung fortsetzen.

Nach dem Tod seiner Mutter erkrankte er selbst schwer und konnte nicht an ihrer Beerdigung teilnehmen. Kurz darauf verlor sein Vater das gesamte Vermögen, wodurch Kiss' weitere Ausbildung nicht mehr finanziert werden konnte. Im Frühjahr 1862, im Alter von neunzehn Jahren, begann er als wandernder Lehrer von Dorf zu Dorf zu ziehen, um vor allem Hebräisch zu unterrichten. „Ich war ein schüchterner Dorfjunge, kantig, linkisch und nicht mehr ganz jung", beschrieb er sich später selbst.[82] Er zog durch verschiedene Komitate der Tiefebene, darunter Bihar, Békés und Heves, und unterrichtete die Kinder kleiner jüdischer Gemeinden „praktisch für Kost, Tabak und besohlene Stiefel".[83] Zu den Stationen dieser Jahre gehörten unter anderem Mátészalka, Okány, Németkeresztúr, Pásztó, Borosjenő, Nagyvárad, Eger, Mátészalka und Dévaványa. Doch nirgendwo ließ er sich dauerhaft nieder.[84]

Die Station Pankota, die für die Jugendbriefe von Bedeutung ist und die Zeitspanne Sommer und Herbst 1866 umfasst, wird in keiner der bekannten Biografien erwähnt. Es heißt jedoch, dass Kiss vor seinem Aufenthalt in Borosjenő einige Zeit in Pankota verbrachte. Ebenso gibt es Hinweise darauf, dass er in Pásztó (Nordungarn), einer jüdischen Gemeinde am Ufer der Zagyva, besonders schöne Erlebnisse hatte:

---

[81] Ebd. In seiner Selbstbiografie erwähnt Kiss, dass sein Vater ihn in die Nähe von Pressburg geschickt habe. Dies scheint jedoch im Widerspruch zu den geografischen Gegebenheiten zu stehen, da Rimaszombat, wo Kiss zur Schule ging, mehrere hundert Kilometer von Pressburg entfernt liegt.

[82] *Kiss József és kerek* asztala, S. 36.

[83] Ebd.

[84] Komlós, *Magyar–zsidó szellemtörténet*, Bd. II, S. 190.

„Herr Josef Kiss aus Mező-Csát ist seit einem Jahre an unserer öff. Volksschule als ord. Lehrer angestellt, und hat sich durch seinen untadelhaften Charakter, so wie durch seinen unermüdlichen Fleiss und durch seine erprobte Tüchtigkeit im Lehrfache unsere Anerkennung, wie auch die aller Gemeindemitglieder erworben.

In Anbetracht dessen und seiner vielseitigen Fähigkeit, sind wir gerne bereit, ihm dieses ehrende Zeugnis auszustellen, um ihn hiermit bestens zu empfehlen.

Pásztó, den 20. August 1865.

Isak Braun

Gemeinde Vorsteher

Dr. Simon Deutsch

Schuldirektor daselbst."[85]

Für die Zeit in Eger gibt es ebenfalls einen Beleg. Bereits im Jahr 1870, als Kiss als Redakteur der Zeitschrift *Képes Világ* tätig war, wandte er sich in einem Brief an Mihály Fincziczky und bat ihn um Beiträge, vorzugsweise Übersetzungen aus dem Russischen. Dabei erinnerte er sich an die schönen und lebhaften Tage, die ihm in Eger vor acht Jahren zuteil geworden waren. In dieser Zeit soll Kiss gemeinsam mit anderen Schülern einen Selbstbildungsverein gegründet haben, wobei Fincziczky als ihr Kritiker fungierte. Kiss lobte die erbauende kritische Stimme, mit der Fincziczky damals seine Gedichte beurteilte – in einer Phase, als Kiss bereits begann, jüdische Lieder zu verfassen.[86]

Kiss erinnerte sich an diese Jahre als eine düstere Zeit, wobei er sich nur sehr wortkarg darüber äußerte. Doch trotz der Entbehrungen und der Armut bereute er nie die Jahre dieser leichtsinnigen Wanderschaft. Während dieser Zeit schrieb er kontinuierlich Gedichte und stand ständig in Kontakt mit der Bevölkerung. Dabei kam er sowohl mit der ungarischen Volksdichtung als auch mit ausländischen literarischen Strömungen, insbesondere der deutschen Literatur, in Berührung.

---

85 Az Országos Magyar Zsidó Múzeum levéltárából Kiss József bizonyítványa tanítói működéséről [Zeugnis über József Kiss' Lehrtätigkeit aus dem Archiv des Landesmuseums der Ungarischen Juden], *Libanon* 8 (1943)1, S. 26.

86 László Sándor: Kiss József Fincziczky Mihályhoz intézett levelei [Die Briefe von József Kiss an Mihály Fincziczky], *Irodalomtörténeti Közlemények* 64 (1960)4, S. 488–493, hier der Brief v. 20. Dezember 1870, S. 489. Der aus Ungvár stammende Mihály Fincziczky (1842–1916) war Übersetzer und Folklorist.

Erste literarische Versuche

Im Dezember 1867 kam Kiss mit der Absicht nach Pest, einige Gedichte zu veröffentlichen, fand jedoch keinen Verleger. Der Wunsch nach Ruhm trieb ihn jedoch weiter, sodass 1868 sein erster Band, *Zsidó dalok*, mit neun Gedichten im Eigenverlag erschien.[87] Damit fanden jüdische Motive erstmals auf literarischem Niveau Eingang in die ungarische Lyrik.

Das Erstlingswerk markiert nicht nur den Beginn seiner literarischen Karriere, sondern auch eine Reflexion seiner der Wanderjahre und der gesellschaftlichen Umwälzungen, die nach dem Ausgleich von 1867 in Ungarn einem ungarisch-jüdischen Dichter im Rahmen des sogenannten volksnationalen Programms die Möglichkeit gaben, sich hervorzuheben.[88]

Die Gedichte stießen vor allem in jüdischen Kreisen auf Aufsehen. Unter den Liedern befand sich auch Kiss' erste Ballade *Dal a szegény Árjeról*.[89] Der Band enthält vorwiegend patriotische Gedichte, die die Emanzipation der Juden thematisieren und sich mit der Danksagung an die Heimat sowie der Forderung nach Gleichstellung der Juden befassen. Diese Programmgedichte, die für den jüdischen Kongress von 1868 verfasst wurden, spiegeln den gesellschaftlichen Konsens wider, der in den Erfahrungen des ungarischen Freiheitskampfes von 1848 wurzelt. Für die Juden bedeutete dies die Assimilation, für die integrative Nation die Entwicklung einer Haltung der Emanzipation und der religiösen Rezeption.[90]

Da das Heft jedoch keinen nennenswerten Widerhall fand, musste Kiss seinen Lebensunterhalt als Korrektor in der Deutsch'schen Druckerei bestreiten. Dadurch war er zumindest in der Lage, seine Gedichte zu veröffentlichen, allerdings ohne Vergütung. Im Jahr 1871 wurde er zum Redakteur der

---

[87] Deutsche Übertragung: *Jüdische Gesänge*. Zu den deutschen Übertragungen ausgewählter Gedichte siehe: *Josef Kiss' Gedichte: 1868–1881*, Deutsch von Dr. Josef Steinbach, Wien 1886, weiterhin: *Gedichte von Josef Kiss*, Aus dem Ungarischen von Ladislaus Neugebauer, Leipzig 1887.

[88] Gábor Ács: Kiss József irodalmi indulása [Der literarische Anfang von József Kiss], *Budapesti Negyed* 60 (2008)2, red. v. Hedvig Ujvári, S. 225–241, hier vor allem S. 225–229.

[89] *Das Lied vom armen Arje*. Siehe: Neugebauer, *Gedichte von Josef Kiss*, S. 47–49, auch von Steinbach (*Josef Kiss' Gedichte*, S. 91–95) mit demselben Titel übersetzt.

[90] Die Problematik der Judenemanzipation in Ungarn wird weiter unten noch ausführlicher behandelt.

Zeitschrift *Képes Világ* [Bunte Welt] ernannt. Der Etat der Zeitschrift war äußerst schmal, und für die Autoren konnte er keinerlei Honorar zahlen. Dennoch hätte Kiss das Blatt problemlos allein mit Beiträgen aus verschiedenen literarischen Gattungen füllen können.

Während dieser Zeit standen Kiss und Max Nordau auch räumlich nahe, da die Redaktion der *Képes Világ* sowie die von Nordau redigierte *Ungarische Illustrirte Zeitung*, ein Beiblatt des *Pester Lloyd*, ein Jahr lang im selben Gebäude untergebracht waren.[91] Die Zeitschrift wurde 1873 eingestellt, doch seine Arbeitgeber beauftragten ihn mit der Verfassung eines Romans im Bereich der Trivialliteratur. Da er inzwischen geheiratet hatte, stimmte er widerwillig zu und schrieb unter dem Pseudonym Rudolf Szentesi das Werk *Budapesti rejtelmek* [Budapester Geheimnisse] in acht Bänden (ca. 1.500 Seiten).[92] In dieser Zeit fand er jedoch kaum noch Zeit für Gedichte.

Im Jahr 1875 wurde Kiss mit der Redaktion des *Jüdischen Jahrbuches* betraut, konnte jedoch diese Position nicht langfristig halten. Mehr Erfolg hatte er in der literarischen Assoziation der Kisfaludy-Gesellschaft, in der seine Ballade *Simon Judit*[93] vor Ferenc Toldy vorgetragen und anschließend in zwei Zeitschriften veröffentlicht wurde.[94]

---

[91] In der Zeitschrift *Képes Világ* erschien auch das Gedicht *Leczkézés* [Lektion] von Max Nordau in der Übersetzung von Géza Udvardy. Es erzählt von einem kleinen Mädchen, das sich beim Besuch des Onkels etwas schüchtern verhält. Dafür wird es getadelt, doch die moralische Botschaft vermittelt, dass die Liebe kein Wissen, sondern nur ein Herz erfordert. *Képes Világ* 1872, Nr. 25, S. 387. Géza Udvardy (Cserna) (1842–1876) war Rechtsanwalt, Dichter und Zeitungsredakteur.

[92] Als Journalist und Zeitungsredakteur konnte er jedoch, im Gegensatz zu seinen Zeitgenossen, seinen Lebensunterhalt nicht bestreiten. Auch seine literarische Tätigkeit blieb unzureichend. Die Gebrüder Deutsch unterstützten ihn regelmäßig mit diversen redaktionellen Aufgaben.

[93] In deutscher Übersetzung findet sich das Gedicht unter dem Titel *Judit Simon* (Steinbach, *Josef Kiss' Gedichte*, S. 105–109) sowie auch unter dem Titel *Frau Judith* (Neugebauer, *Gedichte von Josef Kiss*, S. 50–53). Bei mehreren Übersetzungen wird jeweils auf beide Versionen hingewiesen.

[94] *Magyarország és a Nagyvilág*, Nr. 14 v. 4. April 1875, S. 158, auch *Nemzeti Hirlap*, Nr. 93 v. 4. April 1875, S. 3. Die Bedeutung von Ferenc Toldy wird weiter unten noch aufgegriffen. Bereits vor Jahren wurden seine ersten dichterischen Versuche von Jenő Rákosi (1842–1929) im Feuilleton des *Pesti Napló* gewürdigt. Siehe: – y: Könyvészet: Zsidó dalok [Bücher: Jüdische Lieder], *Pesti Napló* (Abendblatt), Nr. 50 v. 27. November 1868, S. 2.

Trotz dieses Erfolges wurde das literarische Leben der 1870er Jahre zunehmend unerträglich für Kiss. Deshalb zog er 1876 wieder aufs Land und übernahm in Temesvár das Amt des Notars der jüdischen Gemeinde.[95] Doch auch der Ortswechsel brachte keine Besserung für seine Gesundheit; er war oft krank und litt unter anhaltenden Beschwerden.

In Richtung Ruhm und Anerkennung: die Balladen

Nach sechs Jahren kam Kiss nach Pest zurück, wo er bei der Ungarisch-Französischen Versicherungsgesellschaft Anstellung fand.[96] Seine Gedichte wurden ins Deutsche übersetzt und auf Rezitationsabenden vorgetragen. Für Aufsehen sorgte Josef Lewinsky (1835–1907), Mitglied des Wiener Burgtheaters, der in Budapest neben sämtlichen Petőfi-Gedichten auch die Ballade *Ágóta kisasszony*[97] von Kiss in sein Programm aufnahm.[98] Es war typisch für die ungarische Kulturlandschaft, dass das ungarische Publikum Kiss durch die deutschsprachige Interpretation für sich entdeckte. Kiss verdankte seinen Erfolg eigentlich dem Zufall, doch es ist sein Verdienst, ihn bewahrt zu haben. Mittlerweile ist er zum gefeierten Balladendichter avanciert.

Obwohl Kiss in seinen lyrischen Gedichten tiefen Gefühlen Ausdruck verleihen konnte, wollte er mit seinen Balladen vor allem den Geschmack und die Erwartungen seiner Zeitgenossen erfüllen. Anstatt neue Wege einzuschlagen, trat er in den Fußstapfen von János Arany, was Gattung, Sprache und Versform anbelangt. Seine Werke sind Belege der Nachahmung der Arany'schen Volkstümlichkeit im Zeitalter des Volkstheaters, der Glanzperiode der Schauspielerin Lujza Blaha (1850–1926). So ist es nicht weiter verwunderlich, dass ein jüdischer Dichter mit solchen Gedichten auf Erfolg stieß, d. h. mit Balladen, in denen wackere Bauern aus der Welt des Volkstheaters in den Mittelpunkt rückten.

---

[95] In Temesvár (heute: Timişoara in Rumänien) wurde sein literarisches Schaffen von Gergely Csiky (1842–1891) gewürdigt. Siehe: (csg.): Kiss József költeményei, *Temesi Lapok* v. 8. Juni 1876, S. 1. Vgl. auch Gedichte von Josef Kiss: Lieder von der Straße: Übersetzt von Dr. Max Nordau, Hugo Klein, *Temesvarer Zeitung*, Nr. 101 v. 3. Mai 1876.

[96] Komlós, *Magyar–zsidó szellemtörténet*, Bd. I, S. 229.

[97] *Fräulein Agathe*, siehe: Steinbach, *Josef Kiss' Gedichte*, S. 110–115, *Das Fräulein Adelgunde*, siehe: Neugebauer, *Gedichte von Josef Kiss*, S. 54–58.

[98] Josef Lewinsky's Vorlesung, *Pester Lloyd*, Nr. 87 v. 29. März 1882, Beilage.

Kiss verstand es jedoch, seinen Erlebnissen literarisch Ausdruck zu verleihen. Selbst wenn er nachahmte, blieb er der Realität treu. Das Volkstümliche bereicherte er, indem er jüdische Charaktere in den Vordergrund stellte. Im Zeitalter der Assimilation, in dem sowohl die ungarische Elite als auch die Juden um die Verschmelzung bemüht waren, fanden Kiss' Balladen großen Anklang, in denen der Jude zum Ungarn, ja zum ungarischen Bauern wurde. Denn in seinen Gedichten werden natürlich nicht die Ungarn zum Juden, sondern die Juden zu Ungarn. Seine Helden erscheinen eher als ungarische Bauern mit jüdischer Konfession denn als typische Juden. Sie sprechen in Alexandrinen, tanzen Tschardasch, ihr Name, ihre Lebensweise und volksliedhafte Sprache lässt sie kaum von Aranys Helden unterscheiden. Kiss konnte sich an Arany ein Beispiel nehmen, aber was die Positionierung von jüdischen Gestalten in der Literatur anbelangt, so konnte er sich auf Bertold Auerbach und Leopold Kompert berufen. Diese waren die ersten Schriftsteller, die Juden im bäuerlichen Umfeld überhaupt thematisierten.[99]

Wie bereits angedeutet, wurde die Dichtung von József Kiss in den 1860er Jahren stark von Petőfi, Arany und der Volksdichtung geprägt. Seine ersten dichterischen Erfolge verdankte er seinen Balladen, die den Werken von Arany nachempfunden waren. Die Figuren, die er in seinen Gedichten darstellte, holte er aus dem Leben auf dem Lande: Landarbeiter und zum Landarbeiter gewordene Juden fungierten als zentrale Figuren.

Im Jahr 1868 erschien seine Ballade *Dal a szegény Árjeról*: „Ein Karren auf zwei Rädern, ein Falbe dran gespannt – / So fuhr der arme Arje von Markt zu Markt im Land." Die Frauen und Mädchen im Komitat Heves loben und preisen seinen Fleiß, der arme Teufel muss trotzdem elend umkommen. Er verlässt seine Esther, denn „Der Sabbath naht, ich möchte beim Lichtanzünden sein; / [...] »Wenn nur die Mutter nicht meiner harren thät! / Die gute Frau! Es schmerzt sie, bleib' ich am Sabbath fern: / Die arme Witwe liebt mich wie ihren Augenstern! [...]«" Die Mutter wartet umsonst auf seinen Sohn, er wird unterwegs von zwei Betyáren (Räubern) getötet. Seine Esther träumt bereits von der Hochzeit, das Erwachen wird aber bitter: „»Auf Esther, aufgerafft!« / – Jehovah! gieb dem Kinde zu dem Erwachen Kraft!"[100]

---

[99] Komlós, *Magyar–zsidó szellemtörténet*, Bd. I, S. 231.

[100] *Das Lied vom armen Arje*, Neugebauer, *Gedichte von Josef Kiss*, S. 47–49. Vgl. auch Anm. 89.

Im Jahr 1875 wurde Kiss endlich der ersehnte Ruhm zuteil. Er hatte eine Ballade geschrieben, doch Monate lang konnte er sie in keinem Organ unterbringen. Das Manuskript wurde auch István Toldy (1844–1879), dem Redakteur des *Nemzeti Hirlap* [Nationaljournal], vorgelegt, der es seinem Vater, Ferenc Toldy (1805–1875), dem Begründer der ungarischen Literaturgeschichtsschreibung, zeigte.

Diese Ballade, *Simon Judit*, (1875), erzählt die Tragödie der Sühne eines jugendlichen Fehltritts sowie der Selbstaufopferung der Mutterliebe. Judit gesteht dem Rabbiner, ihr Erstgeborenes umgebracht zu haben, und seitdem sterben alle ihre Neugeborenen. Der alte Rabbi untersagt Judit das Küssen; nur so wird sie imstande sein, ihr Kind großzuziehen. Judit gehorcht, auch dann, wenn das Kind krank nach ihrem Kuss verlangt: „»Geliebte, süße Mutter, mir brennen Stirn und Mund – / Wenn du mich küssen wolltest, da würd' ich gleich gesund!« / »Sei still mein Kind, mein Herzchen; es kann, es darf nicht sein, – / Du Vater des Erbarmens, o blick' auf meine Pein!«"[101] Über Judit wird viel gelästert, und letztendlich wird sie von ihrem Gatten aus dem Haus gejagt. Als ihre Tochter heiratet, erscheint sie, mittlerweile zur Bettlerin geworden, bei der Hochzeit und bricht tot zusammen.

Als weiteres Beispiel kann die Ballade *Ágota kisasszony* (1878) herangezogen werden.[102] Die Geschichte spielt in der Welt des Adels um 1848. Der Verlobte der adeligen Braut stirbt im Freiheitskampf, und sie trauert ihm nach und pflegt sein Andenken. Ihre einzige Beschäftigung ist ein Rechtsstreit mit den Behörden um den Erhalt des geerbten Familienanwesens. Es handelt sich um einen merkwürdigen Fall: „Halb traurig und halb heiter – ein eigner Rechtsfall das! / Wer ihn vernimmt, der lächelt, doch wird sein Aug' auch naß."[103] Verklagt wird nämlich der Fluss namens Wag, der jedes Jahr immer ein Stück von Adelgundes Garten (und auch von ihren Jugenderinnerungen) abreißt: „*Ein zartes Rosenbaum, das pflanzten wir zu Zwei'n / Im thaubeglänzten Garten bei hellem Mondenschein. / D'rauf ist er hingezogen – ihn rief die Freiheit fort, / Der Himmel mag es wissen, wo sein Gebein wohl dorrt! / Bei der*

---

[101] Vgl. Anm. 93.
[102] Vgl. Anm. 97.
[103] Neugebauer, *Gedichte von Josef Kiss*, S. 54.

Erstürmung Ofens, da sah man ihn zuletzt, / Sein Rosenbäumchen aber, das lebt noch, lebt noch jetzt!"[104]

Eine weitere Ballade ohne jüdischen Inhalt ist *Szomor Dani* (1882), ein Beispiel für Bauerntreue und als Volksstück in Versen verfasst. Der Sohn des Sarkader[105] Richters verbringt unschuldig zehn Jahre im Gefängnis, weil er die Ehre seines geliebten Fräuleins wahren will. Nach seiner Befreiung wird er jedoch vom Mädchen schroff abgewiesen, tötet daraufhin das Edelfräulein und kehrt freiwillig ins Gefängnis zurück: „»Hier, Herr Frohnwogt, mit Verlaub, bin ich auf's Neu! / Meine Kette bring' ich wieder – mit der Freiheit ist's vorbei.«"[106]

Diese Balladen sind größtenteils von Volksmotiven durchzogene Nachahmungen Aranys. Sentimentale Themen vermischen sich mit kriminalistischen Elementen, wobei das Lyrische deren Bearbeitung überlagert. Anfang der 1880er Jahre verabschiedete er sich von dieser Gattung und damit auch von der sogenannten „volksnationalen" Schule.

Einen wesentlichen Teil der ländlichen jüdischen Bevölkerung zog es nach 1867 in die Städte, wo sie sich die ungarische Bildung zunehmend aneignete und ihr im ungarischen Leben dauerhaft eine größere Rolle zukam. Das Leben und Werk von Kiss ist ein Beleg dafür par excellence. Er vollzog vollständig den Weg der Verbürgerlichung, vom Moment an, als dieser noch als Programm und Vorhaben galt, bis zu den Nachkriegsjahren, als sich das Scheitern der Assimilationsversuche und -träume entpuppten.

In der Laufbahn und dichterischen Entwicklung von József Kiss kommt der Kontinuität eine zentrale Rolle zu. Der Balladendichter lässt sich nur schwer mit dem späteren Verfasser der Gedichte wie *Tűz* und *A Knyáz Potemkin* vergleichen.[107] Seinem Werdegang ist eigen, dass es ein langsamer und kaum wahrnehmbarer Prozess war, der ohne schlagartige, scharfe Umschwünge verlief. Trotzdem kann das Jahr 1882 als Wendepunkt in seinem dichterischen Schaffen bezeichnet werden, denn danach griff er anstelle der bislang gewohnten dichterischen Mittel zu ganz anderen Themen und Formen. Ein Grund dafür war wahrscheinlich sein Umzug nach Pest und das damit

---

[104] Ebd., S. 57.
[105] Diese Ortschaft liegt im Komitat Békés in Südungarn.
[106] Neugebauer, *Gedichte von Josef Kiss*, S. 71–75.
[107] Deutsche Titel: *Feuer,* sowie *Der Knaz Potemkin.* Nach 1887 sind mir keine deutschen Übertragungen der Gedichte von Kiss bekannt.

verbundene Großstadtmilieu. Vermutlich spürte er bereits, dass Ungarn sich in einem Urbanisierungsprozess befand und das ländliche Ungarn zunehmend der Vergangenheit angehörte. Ein weiterer bedeutender Katalysator für seine Entwicklung war die Zeitschrift *A Hét* [Die Woche], um die sich junge, talentierte Literaten sammelten, deren Jugend, Bildung und Frische ihm halfen, geistig und seelisch zu erneuern.[108]

Die Zeitschrift *A Hét* und die Hinwendung zur Moderne

Nachdem die Ungarisch-Französische Versicherungsanstalt im Jahr 1889 Konkurs anmeldete, blieb Kiss ohne Anstellung. Da seine Freunde nicht imstande waren, ihm Arbeit zu finden, finanzierten sie ihm die Gründung einer literarischen Zeitschrift. Auf diese Weise wurde *A Hét* ins Leben gerufen. Das Organ erschien am 1. Januar 1890, und nach den anfänglichen finanziellen Schwierigkeiten etablierte es sich an der Spitze des ungarischen literarischen Lebens. Das Blatt richtete sich hauptsächlich an das großstädtische Bildungsbürgertum, das sich in Richtung Europa orientierte, sich aber politisch noch nicht ganz festgelegt hatte. Die Zeitschrift fokussierte sich auf Budapest und die westlichen Metropolen, Themen aus dem ländlichen Ungarn griff sie nicht auf. Politik fand nur am Rande Einzug in das Blatt, es lehnte sich nie gegen die bestehende Ordnung auf, höchstens leistete es Opposition gegen die Regierung von Kálmán Széll.[109] Wesentlich charakteristischer, wenn auch nur in begrenztem Umfang, war seine Stellungnahme zum literarischen Leben. Die etablierten Institutionen wie die Ungarische Akademie der Wissenschaften oder die Kisfaludy-Gesellschaft wurden vielleicht angestachelt, es gab jedoch keine heftigeren Attacken gegen den „Literaturpapst" Pál Gyulai (1826–1909).[110]

Die Zeitschrift verlor nach 1908 immer mehr an Bedeutung, als in diesem Jahr das Organ *Nyugat* [Der Westen] ins Leben gerufen wurde und die neue Schriftstellergeneration diesem Publikationsforum den Vorzug gab. Bis dahin

---

[108] István Sőtér (Hg.): *A magyar irodalom története 1849-től 1905-ig* [Die Geschichte der ungarischen Literatur von 1849 bis 1905], Budapest 1965, S. 674–680.

[109] Kálmán (Koloman) Széll (1843–1915) war Politiker, Bankier und von 1899 bis 1903 Ministerpräsident Ungarns.

[110] Die Kisfaludy-Gesellschaft sah das jedoch anders, weshalb es nicht weiter verwunderlich ist, dass Kiss erst 1914, wenige Jahre vor seinem Ableben, in die Société aufgenommen wurde.

kann aber der *A Hét* die Bedeutung nicht abgesprochen werden: Es ebnete den Weg für die Entstehung der frischen, geistreichen ungarischen Prosa und diente als literarische Plattform für talentierte Literaten, unabhängig von ihrer Weltanschauung.

Gerade dieses Ziel soll nach Kiss der Sinn und Zweck des Organs gewesen sein: „Wieviel Wonne hat mir dieses Blatt beschert! Im Grunde genommen habe ich es nicht für das Publikum gemacht, sondern für uns, für unsere Schriftstellerkollegen."[111] Von der jungen Generation hat er in zehn Jahren mehr gelernt als von all seinen Meistern, denn durch sie war er in der Lage, das Heute zu verstehen – er, der bereits halb der Vergangenheit anheimgefallen war. Sein selbstgesetztes oberstes Gebot lautete: Das Talent zu ehren![112]

Die zwei erfolgreichen Dezennien der Zeitschrift fallen auch mit dem Höhepunkt des dichterischen Schaffens von Kiss zusammen. In dieser Zeit schrieb er seine schönsten Gedichte. Das Nationalvolkstümliche hatte er bereits hinter sich gelassen, sowohl in der Themenwahl als auch den dichterischen Stil. Nun gewann die Großstadt die Oberhand. In *De profundis* (1876) schildert er den Verfall eines verführten Fräuleins aus gutem Hause: Liza, die unglückliche Frau, verdient als Straßenmädchen ihren Lebensunterhalt. Dabei ergreift der Dichter trotz gesellschaftlicher Normen Partei für sie.[113] Der Gedichtzyklus *Mese a varrógépről* [Lieder von der Nähmaschine] (1883) behandelt das Thema eines Waisenmädchens, das mit Müh und Not seine Schwestern erzieht, dabei die Tränen nach innen verschluckt und in stiller Aufopferung sogar noch auf die Liebe verzichtet. Komlós nennt es ein Gedicht über selbstlose Entsagung.[114] Nach wie vor wird dem jüdischen Element in der Dichtung von Kiss Bedeutung beigemessen, beispielsweise in seinem Gedicht *Új Ahasvér* (1875).[115] Besonders ausgeprägt tritt das Jüdische in seinem Werk *Az ár ellen* (1882) hervor, das zur Hymne in den Synagogen Osteuropas wurde. Den Juden wird das Märchen der Blutverleumdung auferlegt: „Man klagt uns an, o Frevelmuth! / Blut trinkt dein Vater, sagt man, Blut! / Und reifst heran du einst zum Mann, / Auch du, auch du trinkst Blut sodann!"[116] Ebenfalls

---

111 *Kiss József és kerek asztala*, S. 20.
112 *Kiss József és kerek asztala*, S. 21.
113 Steinbach, *Josef Kiss' Gedichte*, S. 47–75.
114 Komlós, *Magyar–zsidó szellemtörténet*, Bd. I, S. 233.
115 *Neuer Ahasver*, siehe: Steinbach, *Josef Kiss' Gedichte*, S. 43–45.
116 *Gegen den Strom*, siehe: Neugebauer, *Gedichte von Josef Kiss*, S. 33–35.

wird den Juden der Mangel an Heimatliebe vorgeworfen: „»*Wir lieben nicht dies Vaterland*« / *Wie leicht man uns solch' Urtheil spricht! / Der Vogel liebt sein Nest – das Wild / Liebt seine Schlucht: sein Heim – wir nicht! / O dieser Vorwurf schändet mehr, / Als wenn mit feuerrothem Stahl / Auf des Galeerensträflings Stirn / Der Henker brennt sein Schandenmal! …*"[117]

Jüdische Motive durchziehen auch das Gedicht *Jehova* (1887). Das Thema der Dichtung ist einerseits der wahre Charakter, die wahre Größe des Menschen, andererseits die Aufspaltung des Judentums im modernen Leben. Die zentrale Figur ist der alte Jude Job auf dem Lande, der sein Leben dem Studium des Alten Testaments widmet. Er ist in dessen Geist regelrecht verstarrt, zum wahren Anachronismus, ein Überbleibsel der Vergangenheit geworden, der Gegenwart völlig abgeneigt, voller Wahn und Verblendung, trotzdem zum Riesen aufgestiegen. Seine Kinder stellen den Gegenpart dar, sie leben in der Gegenwart, preisen die Errungenschaften ihrer Zeit, begeistern sich für die Wissenschaften, Künste, Heimat und Zivilisation. Der Alte verliert schließlich seine vier Kinder, findet dennoch Trost und Frieden bei Gott. Das Gedicht ist mehr als nur die Darstellung des Kampfes der traditionellen jüdischen und der neuen profanen Welt, es steht auch als Symbol des allgemeinen menschlichen Konflikts sowie des Zusammenpralls des transzendentalen Glaubens und der irdischen Werte. Job ist eine Figur, die zu bemitleiden ist, gleichzeitig aber auch Achtung verdient, denn solange seine Kinder nur die Werte des Diesseits suchen, ist sein Dasein in Gott verankert. Es ist ein neues Motiv, dass Kiss für den gläubigen, konservativen Juden, von dem der Zeitgeist seine Kinder wegnimmt, Partei ergreift.[118]

Kiss war fast siebzig Jahre alt als er sich seinem monumentalen dichterischen Projekt *Legendák a nagyapámról* [Legenden meines Großvaters] (1910–1916) widmete. Das Werk kann auch als Antwort auf das klerikale Gehetze gegen die Infiltration der russisch-jüdischen Flüchtlinge gedeutet werden. Im Mittelpunkt des Gedichts steht der Großvater des Dichters, der lebensfreudige Kantor, Reb Mayer Litvak, der vor den Pogromen in Litauen nach Ungarn flüchtete. Die Episoden seines Lebens werden in melodischen Stanzen wiedergegeben. Die dichterische Sprache von Kiss ist in diesem Gedicht sehr einheitlich und klar, die Natürlichkeit des Gesprächs kommt

---

[117] Ebd.
[118] Sőtér, *A magyar irodalom története*, S. 676.

einwandfrei zur Geltung. Das Werk trägt auch etwas Provokatives in sich, denn Kiss bekennt sich öffentlich stolz zu seinem jüdischen Vorfahren und macht diesen zum Helden. Doch der Alte erweist sich als echter Boheme, der Lebensfreude, Freizügigkeit und demokratische Gefühle schätzt, wodurch aufkommende ambivalente Gedanken noch in Balance gehalten werden. Dem Gedicht kam es nicht zugute, dass Kiss im Jahr 1910 lediglich die ersten sechs Gesänge fertigstellte. Als er um die Fortsetzung bemüht war, konnte dies nur mit gravierenden Unebenheiten erfolgen. Weder war er imstande das Sujet zu einem einheitlichen Ganzen zusammenzuflechten, noch konnte er für die gebührende Musikalität und Kraft der weiteren Teile Sorge tragen.[119]

Seine literarische Leistung fand lange keine Anerkennung, was ihn zutiefst erbitterte und auch sein Verhältnis zur Nation prägte. Diesen Gefühlen hat Kiss in seinen *Stanzák* [Stanzen] (1902) Ausdruck verliehen. Im Gedicht *Dózsa György* (1885) kommen düstere Gedanken über Elend, Verfolgung und soziale Ungerechtigkeit auf. Dózsa ist in der ungarischen Geschichte als Held der unterdrückten Bauern bekannt. Bei Kiss wird jedoch nicht dieser Aspekt thematisiert; vielmehr stellt er den Protagonisten in einem Kampf gegen die willkürliche Unterdrückung dar.[120] Sein Gedicht *Tűzek* [Feuer] (1896) ist zum Teil ein Rückblick auf sein Leben, die Abrechnung mit den Illusionen wie Liebe, Ruhm, Wahrheit, andererseits ein hoffnungsvoller Ausblick in Richtung des noch weit entfernten Sozialismus. Diese erloschene Glut wird in seinem Gedicht *A Knyáz Potemkin* (1906) wieder entfacht. Das Werk schrieb er nach der russischen Revolution und es lässt sich als ein Gedicht an die Freiheit lesen.[121]

Selbstverständlich muss die Frage gestellt werden: Was ist mit dem gängigsten Thema eines Dichters, der Liebe? Es mag merkwürdig vorkommen, aber die Liebe spielt im Kissschen Œuvre keine markante Rolle. Seine Heirat war nicht von Liebesgefühlen durchdrungen, schon bald erkannte er, dass das Gefühl, das er für seine Frau aufbringt, nicht so sehr mit Liebe als mit Beileid zu tun hat. In den 1880er Jahren überkam ihn schließlich die große, wahre Liebe, doch er empfand sie als eine Sünde und kämpfte gegen das Gefühl an. In dieser Zeit entstand das Gedicht *Ó mért oly későn …* [Warum

---

[119] Ebd.

[120] *Georg Dózsa*, Neugebauer, *Gedichte von Josef Kiss*, S. 87–90.

[121] Sőtér, *A magyar irodalom története*, S. 676–677.

so spät] (1884). In seinem „Nachsommer" finden sich keine Träume mehr, Wehmut durchschimmert seine Gedichte. Er ist desillusioniert, versucht es aber mit Humor zu ertragen.[122]

Das wesentlichste Merkmal seines Dichterdaseins war die Vielschichtigkeit, die mit der Übergangsphase, in der sich Kiss befand, verbunden war. Das ist der Grund dafür, warum seine Dichtung sowohl ungarische und jüdische, volkstümliche und moderne, ländliche und städtische, epische und lyrische als auch realistische und märchenhafte Elemente miteinander vereint.

Assimilation, Integration und Judendasein

Im Zeitalter nach dem Ausgleich zwischen Österreich und Ungarn (1867), in den Jahrzehnten der Verbürgerlichung, war die wichtigste Bestrebung der liberalen Kräfte in Ungarn die Nationenbildung durch die rechtliche Gleichstellung. Dadurch verlor der ständische Nationalbegriff an Bedeutung, während die Frage der Nationalitätenzugehörigkeit zunehmend an Schärfe gewann. Der Begriff der Nation hatte sowohl kulturelle (etwa durch die Spracherneuerung und die nationale Literatur) als auch politische Relevanz. Um kollektiven Bestrebungen entgegenzuwirken, setzte man auf individuelle Rechte.

In diesem Prozess spielte die kulturelle *Homogenisierung*, statt einer bloßen Integration, eine zentrale Rolle. Die nationalistische Ideologie duldete keine Vorstellung eines Ungartums mit abweichender Kultur und forderte stattdessen die Einheitlichkeit des Ungarischen. Das Judentum ohne nationale Identität erschien in diesem Einverleibungsprozess als ideal. Problematisch war jedoch die Stärke des jüdischen Glaubens, der nicht nur religiöse Fragen umfasste, sondern eine umfassende Lebensweise und damit eine Kultur darstellte, die weit über die Religion hinausging. Dadurch wurde er zu einem Hindernis für die angestrebte Homogenisierung und kulturelle Assimilation.

Da das Gesetz von 1867 nicht auf die Rezeption des jüdischen Glaubens Bezug nahm, wurde der wichtigste kulturelle Träger des Judentums aus der rechtlichen Gleichstellung ausgeschlossen. Die Emanzipation bzw. Assimilation, die sogenannte Verungarisierung, wurde als Preis für die gesellschaftliche Aufnahme und den sozialen Aufstieg angesehen. Anders formuliert, der Verzicht auf die eigenen kulturellen Normen und Bräuche

---

[122] Sőtér, *A magyar irodalom története*, S. 677–678.

ebnete den Weg in die ungarische Gesellschaft. Der Großteil der jüdischen Bevölkerung war ernsthaft bestrebt, sich in die ungarische Gesellschaft zu integrieren – politisch und sprachlich ebenso wie in Lebensform, Bräuchen und durch die Aufgabe der kulturellen Identität, etwa in Ernährung, Sprache, Kleidung und Denkweise.[123]

„Israel, das lange im altertümlichen und mittelalterlichen Zeitalter verharrte, trat plötzlich in die Neuzeit ein."[124] Als die Errungenschaften Europas allgemein zugänglich gemacht wurden, erschienen die gewohnten Lebensformen als unhaltbar. Die technische Entwicklung, der soziale Glanz sowie die wissenschaftlichen und künstlerischen Werte zogen die Juden in ihren Bann, und sie wollten sich der Nation, in der sie lebten, anpassen. Die Möglichkeit der Assimilation wurde jedoch nicht einheitlich angenommen: Ein Teil der jüdischen Bevölkerung wollte sich ohne Wenn und Aber eingliedern, während sich der andere Teil den neuen Möglichkeiten verschloss. Die Scheidewege zeigten sich zunächst auf religiöser Ebene, was zur Spaltung in Neologie und Orthodoxie führte. Letztere überwog im östlichen Landesteil sowie in Pressburg (Oberungarn), während die Neologen eher die Nachfahren tschechischer und mährischer Einwanderer waren. Da in Ungarn nur die Neologen das geistige Leben prägten, wird im Folgenden ausschließlich auf sie Bezug genommen.

Das Verhalten der Neologen wurde primär von der Assimilation beeinflusst. Sie strebten danach, das Jüdische aus ihrem Dasein zu tilgen und sich immer mehr ihrer Umgebung anzupassen. Das religiöse Leben, das mit seinen Gesetzen das gesamte jüdische Leben umfasste, reduzierte sich nun auf den Gottesdienst. In den jüdischen Gemeinden wurden die Rabbis zunehmend zu Randfiguren, ihr Einfluss nahm immer weiter ab.

Innerhalb des religiösen Lebens wurde vor allem der Versuch unternommen, den am meisten charakteristischen Zug des jüdischen Daseins, die Hoffnung auf den Messianismus, zu schwächen, da gerade aus dieser

---

[123] András Gerő: Zsidó utak – magyar keretek a XIX. században: Liberálisok, antiszemiták és zsidók a modern Magyarország születésekor [Jüdische Wege – Ungarische Rahmenbedingungen im 19. Jahrhundert: Liberale, Antisemiten und Juden bei der Geburt des modernen Ungarn], in: László Varga (Hg.): *Zsidóság a dualizmus kori Magyarországon: Siker és válság* [Judentum in Ungarn der dualistischen Ära: Erfolg und Krise], Budapest 2005, S. 58–72, hier S. 64 und passim.

[124] Komlós, *Magyar–zsidó szellemtörténet*, Bd. I, S. 273.

Hoffnung oft die größte Kraft für die Zukunft geschöpft wurde. Der 9. Aw, der traditionell an den Niedergang Jerusalems erinnerte und bislang in tiefer Trauer begangen wurde, schrumpfte zum drittrangigen Feiertag. Auch das Studium der Bibel verlor an Bedeutung.

Anerkannte Männer des jüdischen Geisteslebens wie Ignác Goldziher, Mór Kármán und Vilmos Bacher verkündeten anstelle der talmudischen und mosaischen Lehren die Bedeutung der Propheten, die sich wesentlich leichter mit den christlichen Lehren in Einklang bringen ließen.[125] Die Situation spitzte sich bereits in den 1840er Jahren zu, als Juden konvertierten, und setzte sich zwischen 1867 und 1882 (während des Tiszaeszlár-Prozesses)[126] fort.

Diese Abkehr hatte zur Folge, dass die Juden nicht bereit waren, sich weiterhin mit ihren eigenen Angelegenheiten zu befassen. Sie hatten nicht einmal ein eigenes konfessionelles Organ. Auch um ihre Vergangenheit kümmerten sie sich wenig; die ungarisch-jüdische Geschichtsschreibung erlitt einen Abbruch. Das konfessionelle Leben entwickelte sich zunehmend zu einem Gezänk mit der Orthodoxie, die von den Neologen mit der Vergangenheit gleichgesetzt und daher zum Tilgen verurteilt wurde.

Das jüdische Leben darzustellen wagten nur wenige, im Feuilleton Adolf Ágai (1836–1916), in der Literatur József Kiss. Für sie verkörperte der ungarische bäuerliche Jude den Idealtypus.[127]

Innerhalb der Wissenschaften betätigten sich die Juden im Bereich der sogenannten nationalen Wissenschaften, wobei die Erforschung der ungarischen Geschichte, Sprache und Literaturwissenschaft Vorrang hatte. Auch auf dem Gebiet der politischen Publizistik nahmen sie einen aktiven Platz ein und vertraten den ungarischen nationalen Geist.

Auf gesellschaftlicher Ebene waren es vor allem der Adel, von dem die Juden fasziniert waren. Sie strebten danach, seinen Lebensstil zu verinnerlichen

---

[125] Ignáz Goldziher (1850–1921) war ein ungarischer Orientalist und einer der Begründer der modernen Islamwissenschaft. Mór Kármán (1843–1915) war ungarischer Pädagoge, Erziehungswissenschaftler und Fachpolitiker. Vilmos Bacher (1850–1913) war Orientalist, Rabbi, der 36 Jahre lang am Budapester Rabbinerseminar lehrte.

[126] Im Ritualmordprozess von Tiszaeszlár (im nordöstlichen Ungarn) wurde den Juden vorgeworfen, ein nichtjüdisches Mädchen entführt und aus religiösen Gründen geopfert zu haben. Der Prozess endete mit einem Freispruch der jüdischen Angeklagten, dennoch diente die angebliche Tat als Ausgangspunkt für politischen Antisemitismus in Ungarn.

[127] Komlós, *Magyar–zsidó szellemtörténet*, Bd. I, S. 274–275.

und ihm gerecht zu werden. Es ist jedoch paradox, dass bereits auf die Schattenseiten dieses Lebensstils hingewiesen wurde. Viele Juden (u. a. auch Kiss und der Orientalist Ármin Vámbéry) plädierten gegen die Adelsprivilegien und Vorrechte und ließen ihren demokratischen Instinkten freien Lauf. Sie wollten sich mit dem reinsten und ursprünglichsten Ungartum identifizieren.

Die komplexen und schwerwiegenden Probleme der Assimilation wurden zu dieser Zeit noch nicht eingehend thematisiert. Nach dem Tiszaeszlár-Prozess erlebte jedoch das jüdische Pressewesen einen deutlichen Aufschwung. Auch im religiösen Leben kam es erneut zu einer Spaltung, diesmal innerhalb der Neologie. Die Juden, denen bereits moderne Bildung zuteil wurde, gingen einerseits den Weg der Assimilation, andererseits wurden Anzeichen eines markanten Fortbestehens der Traditionen sichtbar. Mit der Zeit verschärften sich die beiden Strömungen: Die Assimilation tendierte zunehmend zur Selbstaufgabe, während der Wunsch nach Fortbestehen schließlich im volkstümlichen jüdischen Selbstbewusstsein mündete.[128]

In der zweiten Hälfte des 19. Jahrhunderts nahm die allgemeine religiöse Resistenz der Bevölkerung immer mehr zu. Die religiösen Elemente verschwanden zusehends aus dem Leben der städtischen jüdischen Bevölkerung. Die in den traditionellen Jeschiwas ausgebildeten Rabbis konnten in erster Linie den Erwartungen des urbanen Judentums in Bezug auf die großen Feste gerecht werden. Andererseits kamen sie jedoch nur ungern in die Hauptstadt, da viele Budapest als zu profan empfanden. Bemerkenswert ist, dass dieser religiöse Nihilismus sogar von der nichtjüdischen Bevölkerung wahrgenommen wurde. Im *Budapesti Hirlap* hieß es, dass die jüdische Gemeinde in Pest zahlenmäßig äußerst bedeutend sei, jedoch weder mit ihrem Vermögen, noch mit ihrem Ansehen oder ihrer kulturellen Bedeutung konkurrieren könne. Zwar würden sie den nationalen Geist pflegen und das Leben der Gemeinde durch ihre Priester prägen, auch die Verwaltung und die Schulen blieben davon nicht unberührt, aber ansonsten zeigten sie wenig Bestrebungen, der religiösen Apathie entgegenzuwirken oder das geistige Leben zu revitalisieren.[129]

Die Pester israelitische Gemeinde war bestrebt dieser Tendenz entgegenzuwirken. Als Lösung erwies es sich Ende der 1880er Jahre den damals bekannten József Kiss mit der Verfassung eines religiösen Liederbuchs zu

---

[128] Ebd.

[129] N. N.: Az uj zsidó templom [Der neue jüdische Tempel], *Budapesti Hirlap*, Nr. 68 v. 3. März 1899, S. 6–7.

beauftragen. Kiss vollendete die Niederschrift der Gedichte 1887 und trug einige sogar in Salons im feierlichen Rahmen vor. Letztlich kam es jedoch aufgrund dogmatischer Gegensätze zu einem Zerwürfnis zwischen Kiss und der Gemeinde,[130] sodass er die Gedichte schließlich selbst in einem Band herausgab.[131] Viele empfanden seine Gedichte als zu jüdisch, während der Gemeinde an jüdischen Elementen mangelte – ein Schicksal, das typisch für den modernen jüdischen Dichter war.[132]

Die Sammlung enthält größtenteils hebräische Gedichte in moderner, individueller Bearbeitung. Diese können nicht mit der Kraft der Dichtung von *Az ár ellen* verglichen werden; die religiösen Gefühle sind hier beinahe verblasst.[133]

Den Liedern wurde eine Einleitung vorangestellt, in der Kiss seinen Lebensweg darstellte. Darauf folgen die Gedichte, die um die Feiertage gruppiert sind. In der Zeitschrift *Egyenlőség* wurde folgendes festgehalten: „Die ungarischen Juden haben mehrfach davon Zeugnis abgelegt, dass sie in die ungarische Nation Aufnahme fanden. Nun wollen sie ihrer Religiösität durch die ungarische Sprache Ausdruck verleihen und die bisher vernachlässigte religiöse Dichtung neu gestalten." Die religiösen Lieder von Kiss seien vom alten jüdischen Geist und von jüdischen Gefühlen durchdrungen, aber all diese würden ungarisch zur Geltung kommen.[134]

Die Zurückweisung der Lieder durch die jüdische Gemeinde war ein bitteres Erlebnis für Kiss und begleitete ihn bis zu seinem Lebensende. Sogar im Vorwort seines Bandes, das während des Ersten Weltkrieges verfasst wurde, wird darauf hingewiesen: „Du hast zur Glorie von Jehova Psalmen

---

130 Seitens der israelitischen Gemeinde wurden die Gedichte von József Bánóczy, Sámuel Kohn und Igaz Goldziher begutachtet. Für die Abweisung gab Kiss dem Vorsteher Mór Wahrmann die Schuld. Vgl. Zs[oldos]. J[enő].: Kiss József levele Neumann Edéhez [Der Brief von Kiss an Ede Neumann], *Libanon* 8 (1943)1, S. 22, sowie Jenő Zsoldos: Kiss József és „Jehova ajtónállói" [József Kiss und die Türsteher Jehovas], *Új Élet Naptár* 1959, S. 222–240. Mór Wahrmann (1832–1892) war ein ungarischer Unternehmer und Politiker sowie Mitstreiter der Emanzipation der Juden in Ungarn. 1869 wurde er als erstes jüdisches Mitglied in das ungarische Parlament gewählt. Ab 1883 war er Präsident der Pester Jüdischen Gemeinde.

131 Kiss József: Ünnepnapok [Feiertage], Budapest 1889.

132 Komlós, *Magyar–zsidó szellemtörténet*, Bd. II, S. 196.

133 Komlós, *Magyar–zsidó szellemtörténet* Bd. I, S. 234.

134 H. S.: Kiss József imádságos könyve [Das Gebetbuch des József Kiss], *Egyenlőség* [Gleichheit], Nr. 51 v. 25. Dezember 1887, S. 1.

gedichtet, und Jehovas Türsteher standen dir im Wege, sie ließen dich nicht in das Heiligtum, denn du wurdest für unwürdig empfunden."[135] Trost fand er lediglich bei Ede Neumann (1859–1918), dem hochgebildeten Rabbi der israelitischen Gemeinde in Nagykanizsa, der Kiss' Gedichte öffentlich lobte. In einem Brief bedankte sich Kiss bei ihm: *„Nicht jeder seiner Kollegen ist so guter Meinung über meine Psalmen. Dieses Buch ist seit etwa zehn Jahren vergriffen. Ich ließ es nicht neu drucken, und ich werde es auch nicht. Wem? Die alten Juden sind langsam alle, die neuen konsumieren lieber Maria-Lieder. Vielleicht erinnern sie sich noch an die Entstehungsgeschichte der »Feiertage«. Die Pester jüdische Gemeinde hatte sie bestellt, aber ich nahm das Manuskript, da mir das Theater zu viel wurde, wieder zurück. Mit dem Honorar sind sie mir selbstverständlich schuldig geblieben. Das ereignete sich noch zu Wahrmanns Zeit. Seitdem ist es zum ersten Mal, dass das Gedächtnis der Lieder aufgefrischt wird. Zum Stehlen sind sie mir gefolgt, alle klauen von diesen. Diese Leute haben anstelle von mir bei der Gemeinde mein Honorar abgeholt. Die ganze Angelegenheit widert mich so sehr an, dass ich sie nie wieder hervorgeholt habe."*[136]

Kiss' Bedeutung besteht ohne Zweifel darin, dass seine Verse einen Meilenstein in der ungarischen religiösen jüdischen Dichtung darstellen. Denn er war derjenige, der mit seinen *Ünnepnapok* einen Gedichtzyklus zu den jüdischen Feiertagen schuf.

Neben der allgemeinen Assimilation des Judentums soll auf Kiss' persönliche, dichterische Antwort durch seine Gedichte eingegangen werden. Die Blutverleumdung von Tiszaeszlár setzte dem mit der Assimilation verbundenen Tauffieber der Juden ein Ende. Das Konvertieren war als individuelle Antwort auf die Assimilation eine Möglichkeit, aber als kollektiver Weg keine Lösung. Die persönlichen Entscheidungen von Kiss in diesem Prozess weisen markante Abweichungen auf.

Nach seinen Erfolgen als Zeitschriftenredakteur und Balladendichter in den 1870er Jahren blieb er nicht in der ungarischen Hauptstadt und etablierte sich auch nicht im literarischen Leben oder im Zeitungswesen wie viele seiner Religions- und Berufsgenossen. Stattdessen zog er als Notar der jüdischen Gemeinde in Temesvár aufs Land. Als er 1882 als gefeierter und anerkannter Dichter zurückkehrte und die jüdische Zeitschrift *Egyenlőség* bereits

---

135 *Kiss József háborús versei* [Kriegsgedichte von József Kiss], Budapest 1915.
136 Zsoldos, Kiss József levele Neumann Edéhez, S. 22.

erschien, sucht man seinen Namen vergebens unter den Mitarbeitern und Redakteuren des Blattes. Er steuerte dem Blatt lediglich Gedichte bei, seinen Lebensunterhalt verdiente er als Angestellter einer Versicherungsgesellschaft. Es scheint, als hätte ihm die Lebensweise des neologisch-urbanen Judentums missfallen.

Auswertung: Kiss im Strom der Zeit

Kiss bildet den Übergang zwischen zwei Epochen der ungarischen Dichtkunst – zwischen János Arany und Endre Ady. Die moderne Welt und der neue Bildungskanon schwächten seine traditionelle Gefühlswelt. Seine volkstümliche Auffassung geriet in Konflikt mit der urbanen Begrifflichkeit und Sichtweise. Wahrscheinlich fielen viele seiner ungeschriebenen Gedichte diesen inneren Kämpfen zum Opfer. Oder, wie Endre Ady es ausdrückte: „Seine Seele war ein Bindeglied zwischen unserem trotzigen asiatischen Herzen und Europa."[137]

Bis 1882 verfasste Kiss verhältnismäßig wenige lyrische Gedichte. Vaterlandsliebe war für ihn kein zentrales Thema, und auch Liebesgedichte finden sich nur selten. Seine künstlerische Entwicklung verlief parallel zum Wandel des ungarischen Judentums, und mit der Zeit reifte auch seine Dichtkunst heran. Zwischen seinen Gedichten klaffen jedoch oft Lücken; es fehlt nicht selten an Kohärenz. Zwar hinterließ Kiss eine Reihe von Gedichten, doch mangelt es ihnen an der durchgängigen Qualität großer Dichtkunst.[138]

Kiss verdankte seinen durchschlagenden Erfolg vor allem seinen Balladen. Doch gerade dieser Erfolg verstellte den Blick auf das Beste seiner poetischen Werke. Seine schönsten Gedichte, wie etwa *Nápolyi emlék* [Erinnerungen an Neapel], gelten heute nahezu als vergessen. Sein Schaffen repräsentiert die prä-symbolistische Dichtung in der Übergangszeit zwischen Arany und Ady. Kiss gilt als einer der Wegbereiter der modernen Lyrik und der *Nyugat*-Generation.[139]

In den 1870er- und 1880er-Jahren entfachten heftige Diskussionen über den Wert seiner Balladen. Dank János Arany, dessen Balladen große Popularität

---

[137] *Kiss József és kerek asztala*, S. 204–205. Auch im *Budapesti Napló* (15. Dezember 1907) erschienen.
[138] Komlós, *Magyar–zsidó szellemtörténet*, Bd. I, S. 233.
[139] Ebd.

und hohe Wertschätzung genossen, galt die Gattung als sowohl populär als auch angesehen. Nichtsdestotrotz erstarrte sie im Laufe der Zeit – nicht zuletzt aufgrund der zahlreichen Definitionen, die ihr auferlegt wurden. Laut Ästhetikern wie Ágost Greguss (1825–1882) sei die Ballade „eine Tragödie in Form eines Liedes". Für Zsolt Beöthy (1848–1922) stand hingegen der Konflikt im Mittelpunkt. Beide bemängelten in den Werken von Kiss das Fehlen eines wahren tragischen Elements.[140]

Nach Ansicht von Aladár Komlós (1892–1980) fehle bei Kiss der Dichter selbst: Seine Figuren unterscheiden sich kaum von denen bei Arany. Kiss war jedoch mit dem Leben des ungarischen Volkes vertraut und kannte die jüdische Lebensrealität von innen heraus. In seinen Balladen verarbeitete er jüdische Themen, integrierte jüdische Motive und machte häufig jüdische Protagonisten zu seinen Hauptfiguren.[141]

Vor allem jüdische Leser schätzten es, dass ihre Bestrebungen nach Gleichstellung in seinen Dichtungen eine Art Legitimation fanden. Es schmeichelte ihnen, dass – zumindest in der Dichtung – mit etwas Glück auch aus Juden „waschechte ungarische Bauern" werden konnten. Doch sie erkannten nicht, dass es diesen Figuren an Authentizität mangelte. Der volkstümliche Stil wirkte wie ein Kostüm, das den Figuren übergestülpt wurde, und der „ungarische Bauernjude" blieb eine literarische Konstruktion, die mit der Realität wenig gemein hatte.[142]

Um die Jahrhundertwende wurde Kiss noch als einer der größten Dichter seiner Zeit angesehen. Arany war bereits verstorben, und Endre Ady hatte noch nicht seine eigene Stimme gefunden. Obwohl Kiss als Erbe Aranys bezeichnet wurde, war bereits das Unbehagen spürbar, aus dem Ady wenige Jahre später seine literarische Revolution hervorbringen sollte.[143] Die Notwendigkeit der Erneuerung war jedoch unübersehbar. Das Zeitalter der Volkstümlichkeit war vergangen, die frische Inspiration wurde aus dem Westen erwartet, und jeder sehnte sich nach einer vornehmeren, aristokratischeren Poesie. Doch während die Moderne in den Ideen gesucht wurde, verlor die Ausdrucksweise zunehmend an Farbe.[144]

---

[140] Komlós, *Magyar–zsidó szellemtörténet*, Bd. II, S. 194–195.

[141] Ebd.

[142] Ebd.

[143] László Kardos: Kiss József, *Libanon* 8 (1943)1, S. 1–4.

[144] *Kiss József és kerek asztala*, S. 147.

Die ungarische Dichtung befand sich für einen Augenblick zwischen zwei Stühlen: Europäische Gedanken waren reichlich vorhanden, doch der ungarische Ausdruck für die neuen Gefühle war noch nicht gefunden. Die eintönigen Jamben wurden durchbrochen, und Kiss schlug den Weg zu einem künstlerischen, bewussten und freien Gedicht ein.[145]

Im jüdischen Organ *Libanon* wurde bereits in den 1940er Jahren darauf hingewiesen, dass der Wert des Kissschen Œuvres im Vergleich zur Jahrhundertwende deutlich an Bedeutung verloren hatte. Die Bezeichnung „der Größte" erschien inzwischen überholt. Kiss konnte jedoch nicht als Dichter zweiten Ranges abgetan werden, der nur innerhalb dieser Kategorie hervorragt. Seine einst so berühmten Balladen wurden vielmehr als prächtige Stilübungen empfunden, die der Arany-Faszination entstammen und in erster Linie für Interpreten gedacht waren. Seine Gedichte bleiben im Kern oft vage, und ihnen fehlt das Tragische.[146]

Was allerdings unbestritten bleibt, ist die Form und die Sprache. Kiss war ein echter Lyriker, und selbst seine besten Gedichte (wie *Mese a varrógépről, De Profundis, Jehova*) sind nur in ihrer lyrischen Stimme von Wert, jedoch mangelt es ihnen an epischem Gerüst, ihr Ideenreichtum bleibt eher begrenzt. In seinen Gedichten, in denen er sich selbst ausdrückt und nicht in Rollen schlüpfen oder eine epische Maske tragen will, erreicht er wahre Höhen (*Egy sír, Magány, Ó mért oly későn, Tragédiák*).[147] Diese sind seine Meisterstücke, die wahrsten und reinsten Formen klarer Schönheit.

In diesen Liedern ertönt der wahre Kiss am frischesten, denn innerlich war er sensibel und verletzlich. Diese Gedichte besitzen nicht die klaren Formen von János Arany; die Sprache ist nicht gekünstelt, und der Rhythmus sowie die Reime deuten bereits auf die Lyrik künftiger Epochen hin.[148]

Die jüdischen Wurzeln kommen dem Dichter zugute, aber nicht im Sinne von Rasse, Blut, Abstammung oder Glauben. Vielmehr fühlt er sich mit seinem Judentum durch soziale Verfolgung, Hoffnungslosigkeit, Bedrohtheit und Gekränktsein verbunden. Die Heilung und Lösung der Probleme des Judentums erwartet Kiss vom Erfolg der Assimilation sowie von der

---

[145] *Kiss József és kerek asztala*, S. 149.
[146] Kardos, Kiss József, S. 1–4.
[147] *Ein Grab* (Neugebauer, *Gedichte von Josef Kiss*, S. 20–21), *Einsamkeit* (Neugebauer, S. 16–17, Steinbach, *Josef Kiss' Gedichte*, S. 16), *Warum so spät, Tragödien*.
[148] Kardos, Kiss József, S. 1–4.

Geduld und Güte des integrierenden Volkes. Sein Judentum ist von negativem Vorzeichen geprägt und äußert sich stets im Angegriffensein. In seinen epischen Werken betrachtet er seine jüdischen Figuren von außen, nicht mit seinen eigenen Augen, sondern aus der Perspektive des nichtjüdischen Lesers. Figuren wie Jonas, Reb Mayer, Job und Arje sind für ihn, ähnlich wie für seine nichtjüdischen Leser, ein exotischer Gegenstand. Diese Gestalten sind lediglich in ihrem Namen und Äußeren Juden. Sie entspringen nicht dem tiefen Inneren von Kiss; vielmehr sind sie Produkte ihrer Zeit, ebenso wie seine jüdischen Bauern, die weit entfernt sind vom wahren Bauerntum.[149]

Was in der Geschichte des ungarischen Judentums politisch die Rezeption darstellt, kommt literarisch im Leben und Wirken von József Kiss zum Ausdruck. Seine jüdischen Gedichte und Balladen repräsentieren die Emanzipation des ungarischen Judentums in literarischer Form. Durch seine Werke trug er zur Überwindung von Vorurteilen bei, und Figuren wie Judit Simon, der alte Job und Litvak Mayer fanden ihren festen Platz in der ungarischen Literatur und spiegeln die soziale und kulturelle Integration des Judentums wider.[150]

Andor Raab (1897–1944), Redakteur der *Zsidó Szemle*, sei der Ansicht gewesen, dass in der Person von Kiss das Judentum und das Ungarische nicht miteinander in Einklang zu bringen gewesen seien, zwei unterschiedliche Kulturen hätten sich in ihm gekreuzt, was notgedrungen zur Disharmonie in seiner Seele geführt habe. Diese innere Unausgeglichenheit lasse sich als Grundlage für seine gesamte Dichtkunst verstehen. Er sei sein Leben lang ein halber Mensch geblieben, der die Vergangenheit seiner Vorfahren verblassen ließ, aber auf dem neuen Boden keine tiefen Wurzeln habe schlagen können.[151]

Der Dichter und literarischer Übersetzer Andor Kozma (1861–1933) bezeichnete Kiss hingegen als einen nationalen ungarischen Dichter: „Nicht nur, weil er auf Ungarisch schrieb, sondern weil er großen Einfluss ausübte und dem ungarischen nationalen Anliegen beständig diente."[152]

Frigyes Karinthy (1887–1938) habe gemeint, dass die Frage, ob Kiss ungarischer oder jüdischer Dichter sei, auf Begriffsverwirrung hindeute. Für ihn

---

[149] Ebd.
[150] *Kiss József kerek asztala*, S. 191–192.
[151] Andor Raab: A zsidó költő [Der jüdische Dichter], *Zsidó Szemle* 17 (1922).
[152] Kiss-Jubiläumsausgabe, *Egyenlőség* [bereits unter dem Namen *A Magyar Zsidók Lapja*], 25. November 1943, S. 4.

stehe der Begriff „Dichter" für jemanden, der Gedichte verfasse. Wenn er dies auf Ungarisch tue, dann sei er ungarischer Dichter, *„auch wenn er zufälligerweise die Auferstehung Jerusalems anstimmt. Die Tatsache, dass Kiss außerdem über ungarische Themen schrieb, macht ihn weder mehr zum Ungar noch mehr zum Juden. Denn wenn es nach Themen ginge, so könnte man Kipling sogar als indischen Schriftsteller bezeichnen. Ein Dichter ist jemand, der schöne Gedichte schreibt, und die Materie des Gedichts ist die Sprache. József Kiss verfasste schöne Gedichte und beherrschte die ungarische Sprache. Er war ein großer ungarischer Dichter."*[153]

Für den Dichter Mihály Babits (1883–1941) habe sich die Frage, ob Kiss ein jüdischer oder ungarischer Schriftsteller war, gar nicht gestellt, denn trotz jüdischer Motive sei er für ihn eindeutig ein ungarisch schaffender Autor.[154]

Für Ignotus[155] sei Kiss nach Arany und vor Ady der sicherste Künstler des ungarischen Gedichts, aber mehr als nur eine Station zwischen den beiden. Er habe als der erste urbane Dichter in der ungarischen Dichtkunst gegolten, und sein Judentum habe sich mit seinem ungarischen Bewusstsein vereinbaren lassen.[156]

Der Schriftsteller und katholischer Priester Sándor Sík (1889–1963) habe in Kiss keinen dekadenten Dichter gesehen; ihm habe die moralische Abartigkeit gefehlt. Er sei eine Übergangsfigur, stehe an der Grenze zweier Epochen: „er ist der Verwandte von beiden, aber in seiner Seele doch fremd von beiden".[157] Auch ihm habe das Schicksal des modernen Judentums zugestoßen: Er sei vom alten Weg abgewichen, habe jedoch keinen neuen gefunden. Das Gefühl der Bodenlosigkeit gebe seiner ganzen Dichtung die tragische Färbung: *„Das ist die Dichtung jenes Menschen, der Jude ist, aber nicht mehr aus seiner Seele, und Ungar, aber noch nicht aus seiner Seele. Deshalb konnte aus der Seele Kiss' keine volle Harmonie und keine ganze, monumentale Dichtung hervorgehen. […] Die alte Seele des Judentums konnte er nicht mehr ausdrücken, weil sie aus ihm gerissen wurde. Aber den bitteren Fluch dieser Zerrissenheit, die Bodenlosigkeit, die Ahasverus-Tragik seiner Heimatlosigkeit, hat er erlebt und rührend zum Ausdruck*

---

[153] Ebd.

[154] *Kiss József és kerek asztala*, S. 147.

[155] Hugó Ignotus (geb. Veigelsberg, 1869–1949) war ein Dichter, Schriftsteller, maßgebender Kritiker und zwanzig Jahre lang Redakteur der Zeitschrift *Nyugat*.

[156] *Kiss József és kerek asztala*, S. 130.

[157] Sándor Sík: Kiss József, *A Kisfaludy-Társaság Évlapjai, Új folyam*, Bd. 56, Budapest 1924, S. 73–77, hier S. 75–76.

gebracht. Und auch die ungarische Seele konnte er nicht ausdrücken, denn er vermochte nicht, mit ihr eins zu werden, aber der Schmach danach verlieh er einige unvergessliche Stimmen."[158]

Wie die genannten Beispiele untermauern, wurde Kiss als Dichter vom Umkreis der Zeitschrift *Nyugat* geschätzt, und seine Zugehörigkeit zur ungarischen Lyrik eindeutig anerkannt. Auch seine Zeitgenossen hoben oft die Musikalität seiner Gedichte hervor; Kiss soll alles mit seinen Ohren geschrieben haben. Auch Dezső Kosztolányi (1885–1936) teilte diese Meinung.[159] Für Mihály Babits sei eines der wichtigsten Charakteristika in Bezug auf Kiss die Melodie gewesen. Melodien hätten ihn überall begleitet, sei es in Volksliedern oder Kirchengesängen. Ohne Melodien sei Kiss nicht denkbar.[160]

Zum Schluss soll noch auf das prekäre Verhältnis zwischen Kiss und der akademischen Literaturkritik hingewiesen werden. Der Kreis um Pál Gyulai (1826–1909) zeigte sich dem mittelmäßigen literarischen Werk und Talent von József Kiss gegenüber abgeneigt. Károly Szász (1829–1905) habe die Figuren von Kiss heftig kritisiert: Seine jüdischen Figuren habe er als imaginär bezeichnet, die in der ungarischen Gesellschaft nicht existierten oder in der gegebenen Situation nicht anzutreffen wären.[161] Bei der Beurteilung der Balladen zeigte sich Szász etwas voreingenommen. Er bezeichne die Figur der *Ágota kisasszony* als Hysterikerin und halte *Szép Batóné*[162] für ein misslungenes Werk, da es für ihn unglaubwürdig erscheine, dass eine schöne Ungarin sich für einen jüdischen Händler interessieren könne. Auch die Verwandlung der Kindermörderin Judit Simon zur liebevollen Mutter erscheine ihm unerklärlich.

Aladár Komlós habe die Kritik für berechtigt gehalten, dass Kiss nicht frei von Effekthascherei sei, eine Neigung zum Grausamen und Melodramatischen zeige und der jüdische Charakter seiner Balladen nur eine reine Äußerlichkeit

---

[158] Ebd. Zu Kiss' Dichtung vgl. ders.: Verselésünk legújabb fejlődése [Die jüngste Entwicklung unserer Dichtung], *Irodalomtörténet* 7 (1918), S. 135–154, hier S. 145–146.

[159] *Kiss József kerek asztala*, S. 128, 140.

[160] *Kiss József kerek asztala*, S. 146.

[161] m. p. [Károly Szász]: Kiss József költeményei, 1868–1881, *Budapesti Szemle* 35 (1882)62, S. 318–331.

[162] *Schön Frau Bató*, siehe: Steinbach, *Josef Kiss' Gedichte*, S. 116–120, von Neugebauer als *Die schöne Bato* übertragen, siehe: *Gedichte von Josef Kiss*, S. 58–63.

darstelle. Häufig werde in seinen Werken die sündhafte Liebe thematisiert, wobei die Bearbeitung des Stoffes von dramatischen Ereignissen geprägt sei.[163]

Szász war auch derjenige, der Adolf Silbersteins (1845–1899) Kritik im *Pester Lloyd* heftig zurückwies, denn Kiss wurde in seinem dichterischen Talent und seiner Technik mit János Arany auf gleicher Augenhöhe platziert, wodurch die Grenzen des akademischen Kreises um die *Budapesti Szemle* mächtig überschritten wurden.[164] Sein Sprachgebrauch, die vielen Zweideutigkeiten, die Pleonasmen und seine mit Heine und Petőfi nicht vergleichbare Dichtkunst wurden ihm zum Vorwurf gemacht. Sämtliche Kritiker wiesen auch darauf hin, dass Kiss' Sprache kaum befriedigend war, und das traf ebenso auf seine grammatische und stilistische Bildung zu.[165]

Kiss wurde nach dem Erfolg seiner Ballade *Simon Judit* seitens der jüdischen Redakteure und Verleger erhebliche Unterstützung gewährt, aber die maßlose Werbung seiner Glaubensgenossen löste Abscheu in Dichterkreisen aus. Vor allem Szász wies die Bestrebung zurück, literarische Werke nach Rassenzusammengehörigkeit zu beurteilen.

---

[163] Komlós, *Magyar–zsidó szellemtörténet*, Bd. II, S. 231.

[164] Die im Jahr 1882 begonnene Polemik wurde 1883 und 1888 erneut aufgegriffen. Vgl. rt.: Kiss József költeményei: Harmadik bővített kiadás [Die Gedichte von József Kiss: Dritte erweiterte Auflage], Budapest 1882, *Budapesti Szemle* 35 (1883)79, S. 147–156, weiterhin. Nyílt levelek a szerkesztőhöz [Offene Briefe an den Redakteur], I–II, *Budapesti Szemle* 54 (1888)136, S. 153–160.

[165] Adolf Silberstein: Zwei ungarische Lyriker, *Pester Lloyd*, Nr. 357 v. 28. Dezember 1881, Beilage. Das Feuilleton bezieht sich auf János Arany und Pál Gyulai. Silberstein hat die aktuellen Neuerscheinungen von Kiss besprochen. Ders.: „Gedichte von Josef Kiss", *Pester Lloyd*, Nr. 349 v. 18. Dezember 1886, 1. Beilage; ders.: Josef Kiss': „Feiertage", *Pester Lloyd*, Nr. 232 v. 22. August 1888, Beilage; ders.: Josef Kiss' neuere Gedichte, *Pester Lloyd*, Nr. 8 v. 8. Januar 1891, Beilage.

Textedition

1.

Pest, 18. Juli 66.

Lieber Freund!

Gestern habe ich Ihren Brief bekommen, der auf sich fast zwei Monate warten gelassen hatte.[166] Ich muß Ihnen gestehen, ich war sehr böse auf Sie, und Sie wissen vielleicht trotz der kurzen Zeit, die wir zusammen verbrachten,[167] daß ich stolz, sogar ungebührlich stolz bin. Ich war mit mir darüber längst einig, daß ich, falls Sie doch einmal antworten sollten, Ihnen keine Zeile erwidere. Solche Faulheit wollte ich nämlich bestrafen; allein die Beilage Ihres Briefes, das poetische Epistel hat mich vollkommen mit Ihnen versöhnt, und ich antworte Ihnen in 24 Stunden. Eine Beurtheilung des „Barátaimhoz"[168] ziemt mir nicht, weil ich zu unmittelbar dabei interessiert bin, doch kann

---

[166] Früherer Briefwechsel konnte bislang nicht ermittelt werden.

[167] Kiss und Nordau haben sich vermutlich 1865 kennengelernt.

[168] Bislang konnte keine Veröffentlichung des Gedichts ermittelt werden. In der Kissschen Gesamtausgabe (*Kiss József összegyűjtött versei*, hg. u. mit Notizen versehen v. Mária Hegedős, Budapest 2001) wird der Titel im Testkorpus nicht erwähnt. Auch in den Notizen, die auf Gedichte hinweisen, die nicht in Sammelbände aufgenommen wurden, fehlt ein diesbezüglicher Hinweis. Mária Hegedős führt alle sogenannten Notizbücher von Kiss auf und verweist akribisch auf alle Fragmente und nicht edierten Versuche. Eine historisch-kritische Gesamtausgabe zu Kiss liegt nicht vor. Kiss schrieb seine Gedichte auf Ungarisch, während Nordau seine Anmerkungen auf Deutsch verfasste. Zsoldos gibt den Titel im Singular (Barátomhoz) an, wobei in Nordaus Brief eindeutig Plural (Barátaimhoz) steht. Vgl. Zsoldos, Nordau levelei, S. 326–327.

ich Ihnen sub rosa[169] sagen: daß mir dies bisher als Ihr gelungenstes Gedicht erscheint. Einige schlechte Bilder wie „sas tej"[170], „hópehelyként szálló"[171] u.s.w., einige unvermittelte Übergänge verzeihe ich der Wärme wegen, die mich auch wirklich angeregt hat, Ihnen sogleich mit einem Gedichte zu antworten, das ich Ihnen hier folgen lasse. Zeigen Sie es um des Himmels willen ja keinem Menschen, es ist eine Improvisation und hat als solche keinen Anspruch auf Werth, betrachten Sie es nur als einen gereimten Ausdruck jener Gedanken, der ich Ihnen mündlich und schriftlich oft geäußert.

Sie lesen Shakespeare? Das ist hübsch; weniger gefällt mir aber, daß Sie ihn ohne Vorkenntnisse lesen. Ich mache Sie darauf aufmerksam, sich jede handelnde Person lebhaft vorzustellen, und sich dabei bei jeder Äußerung, jeder Handlung dieser Person zu fragen: Ob wol der Mensch, den Sie in Ihrer Phantasie sehen, dieses gesagt oder gethan haben würde? – Auf diese Weise werden Sie wenigstens von Shakespeare die Kenntniß der Charakteristik profitiren. Das andere Zubehör eines Dramas, vor Allem ob die Idee dramatisch sei, die Exposition, die Handlung, den Effekt und die sonstigen Detailbedingungen muß man theoretisch lernen. Ich habe zu diesem Zwecke Aristoteles, Lessing (negativ), Schlegel, Hettner[172] und Rötscher[173] benutzt. Wenn Sie sich einen der genannten Autoren verschaffen können, thun Sie es.

Eine ausführliche Beurtheilung Ihres Gedichts kann ich diesmal nicht geben; bis ich mehr Laune dazu mitbringe, sollen Sie sich über meinen kritischen Geist nicht zu beklagen haben: vorläufig sage ich Ihnen nur ganz unmotivirt:[174] „Nyári éjjel"[175] ist schrecklich prosaisch, „Mikor a világnak"[176]

---

[169] dt.: Geheim, vertraulich.

[170] Bärenurin und Adlermilch (ung. *sastej*) wurden unter den Sekler Schatzgräbern schützende Kräfte zugesprochen. Vgl. Katalin Jancsó: Székely kincskeresők, *Székely Kalendárium* [Sekler Kalender] *2015*, S. 230–232. (Die Sekler leben heute in Rumänien, in Siebenbürgen, vor 1920 gehörte das Gebiet noch Ungarn an.)

[171] dt.: „schneeflockengleich schwebend".

[172] Hermann Julius Theodor Hettner (1821–1882) war ein deutscher Literaturhistoriker, Kunsthistoriker und Museumsdirektor.

[173] Heinrich Theodor Rötscher (1802–1871) war ein deutscher Lehrer, Dramaturg und Ästhetiker.

[174] Bei den folgenden Titeln handelt es sich vermutlich um unveröffentlichte Gedichte. Vgl. *Kiss József összegyűjtött versei*, S. 663–672.

[175] dt.: *An einer Sommernacht.*

[176] dt.: *Als der Welt …*

fängt wunderschön, mit fast orientalischer Gefüh[l]ssinnlichkeit an, geht aber wieder so verdammt trivial aus, und leidet außerdem an einem Formfehler in der letzten Zeile; „Végzet"[177] ist eine Schwärzerei, „A p…i kastélyban"[178] ist der Form nach mißlungen, enthält aber hübsche Bilder und gut beschreibende Stellen. Dagegen sind „Boldogtalan dalai"[179] wirklich schön, besonders das erste und dritte, wo sich das unvermittelte „Ó anyám, anyám"[180] zu einem prachtvollen Effekt gestaltet, das zweite hat den Fehler, daß die Sage vom König zu wenig plastisch hervortritt, dagegen ist die Anwendung tadellos. Im Allgemeinen kann ich Ihnen sagen, daß Ihnen nicht[s] als künstlerische Überlegung fehlt; der Rohstoff ist da, aber um daraus ein Kunstwerk zu formen, muß man ernst und reiflich denken, man darf nicht so in den Tag hinein schreiben, wenn man höhere Ziele verfolgt.

Was Ihren Wunsch betrifft, eines Ihrer Gedichte gedruckt zu sehen, kann ich Ihnen besonders in Bezug auf die „Boldogtalan dalai" die besten Hoffnungen erwecken, aber nur Geduld! Ich werde Sie mit deren Abdruck überraschen, wann Sie's vielleicht am wenigsten erwarten.[181]

Sie wollen lernen! Heil Ihnen, wenn Sie es ernst meinen;[182] ich sage Ihnen: Sie haben noch gar nichts verloren,[183] und alles zu gewinnen, nur Muth! Schauen Sie 100 fl.[184] aufzutreiben, und lernen Sie vorläufig Geschichte; ein wenig Physik; ung. Literaturgeschichte; wenn Sie können: Mathematik und Philosophie; dann besonders: Virgil, Ovid, Horaz, Tacitus, Cicero, Cäsar und Sallust, Homer, Xenophon und Plutarch (viele Namen, aber bei halbwegs gutem Gedächtnis kleine Arbeit), setzen Sie sich mit dem Direktor des

---

[177] dt.: *Das Verhängnis.*

[178] dt.: *Auf dem P… Schloß.*

[179] dt.: *Lieder eines Unglücklichen.* Der Titel *Egy boldogtalan dalaiból 4* wird in den *Gesammelten Gedichten* als Teil des *Zsengék* [Erstlinge] (um 1866) angegeben. *Kiss József összegyűjtött versei,* S. 669–670. Es gibt keinen Hinweis auf die ersten drei Teile.

[180] dt.: *O, meine Mutter, meine Mutter.*

[181] Nordau arbeitete im Jahr 1866 bereits bei der Verlagsanstalt Gebrüder Deutsch, wo er mit mehreren Organen in Berührung kam.

[182] Der Ansporn zur Matura, ein ständig wiederkehrendes Thema im Briefwechsel.

[183] Anspielung auf die abgebrochene Schulausbildung: Kiss kam 1861 in die 4. Klasse des kalvinistischen Gymnasiums, als er bereits 18 Jahre alt war, und verließ es kurz darauf.

[184] Abkürzung für die Goldmünze Florin; auch die ungarische Währung Forint lässt sich hiervon ableiten.

Köröser[185] Gymnasiums in brieflichen Verkehr, der wird Ihnen alles Nähere bereitwillig mittheilen; und bei Vorhandensein der ersten Bedingung (Geld) und auch nur geringen Fleißes können Sie im Feber, und wo nicht, doch im Juli 1867 maturirt haben, und im Oktober desselben Jahres akademischer Bürger sein. Nachdem Sie sich auf diese Weise eine bestimmte Lebensaussicht eröffnet haben würden, könnten Sie an das ernstliche Studiren gehen – denn was man für die Matura lernt, nun, das hat man eben nur für die Matura gelernt! Dann könnten Sie anfangen daran zu denken, daß Sie es zu einer Stellung in der vaterländischen Literatur bringen wollen – und gewiß – Ihre Pläne müssen sich verwirklichen, nur Ausdauer und Wille! Und wenn Sie diesen letzteren nicht haben, so ist es in Ihrem Interesse nöthig, daß Sie in ununterbrochenem Verkehr mit uns bleiben, daß wir Sie so oft als möglich aufmuntern und Ihre etwa nachlassende Willenskraft durch Anschüren und Ermahnen wieder stärken können. Es ist also jedenfalls in Ihrem Interesse liegend, wenn Sie so oft als möglich schreiben.

Daß Ihr Brief gerade gestern, und nicht einige Tage später eingetroffen ist, das ist ein glücklicher Zufall, denn sonst hätte er Natzi[186] nicht mehr hier angetroffen, dieser reist nämlich Sonntag nach Hause und bleibt über 9 Wochen dort. Wenn Sie wollen, können Sie mit ihm und mir einen Verkehr einleiten, so lange wir von einander getrennt sind – es dürfte sich dies für Sie als sehr anregend bewähren!

---

[185] In Nagykőrös (auf der Ungarischen Tiefebene) wurde bereits im 16. Jahrhundert eine kalvinistische Lehranstalt gegründet, die auch heute noch existiert. Nordau empfahl und bevorzugte grundsätzlich protestantische Schulen für die Matura, da die Reiferprüfung bei den Kalvinisten einfacher und besonders für Privatschüler unkomplizierter war.

[186] Ignaz „Nazi" (auch Natzi) Weiß (?–Pest, 9. Juni 1874) war Nordaus bester Schulfreund seit 1864. Zu seiner Person äußerte dieser sich ausführlich in seinen *Erinnerungen*: „Obdachlos, bar jeder Geldmittel, vertraut sich der Ärmste seinem Kollegen an. Er will studieren, seine exaltierte Seele lechzt nach Wissen. Max sieht, daß der junge Mann begabt ist, daß er sich ohne Zweifel zu einem Schriftsteller von Wert entwickeln kann. Er beherbergt den Unglücklichen in seinem kleinen Zimmer, er führt ihn an den väterlichen Tisch. […] Der arme junge Mann […] bleibt in der Familie auch später, als Max auf Zureden seiner Eltern als Hauslehrer bei einem gewissen Fuchs annimmt, einem Grundbesitzer von Rakosy-Keresztur. […] Max [bewahrte] seinem Genossen die Treue und [stand] ihm hilfreich zur Seite, ununterbrochen bis zu dessen Tode im Jahre 1872." Nordau, *Erinnerungen*, S. 27–28. Schulte (*Psychopathologie*, S. 45 u. 387) gibt als Todesjahr 1874 an.

Sie haben wahrscheinlich viele Langeweile? Doch nein, wie mir die übersandten (meist neuen?) Gedichte beweisen, arbeiten Sie fleißig. Doch versuchen Sie sich auch in der Novelle, Erzählung, Sage oder Skizze! Überhaupt in der ungarischen Prosa, in der Sie bisher nichts gethan haben. Sie würden gewiß gerne hiesige belletristische Blätter haben, also theile ich Ihnen mit, daß kurze Provinzkorrespondenzen allen Blättern höchst willkommen sind, man sendet Ihnen gegen solche gerne ein Freiexemplar. Wenden Sie sich wegen des Näheren brieflich an die betreffenden Redaktionen. Hier einige Adressen: „Fővárosi lapok"[187] (Emich Gustav's Verlag)[,][188] „Nefelejts"[189] (Sebestyén tér, 1 szám)[,] „Hazánk és Külföld"[190] (Dohány utca 1 szám)[,] „Divat"[191] (Dorottya utca, 14 szám). Wenn Sie von allen vieren abweisende Antwort erhalten,[192] schreiben Sie es mir, und ich theile Ihnen andere Adressen mit. Die Korrespondenzen schickt man unfrankirt. Man erhält durch sie bei den betreffenden Blättern Zutritt auch für andere Arbeiten, und das könnt Einem einmal sehr zu Statten! Also Muth, Ausdauer, Willen! Wir beide haben ein gleiches Ziel! Treten wir den schwierigen Gang zu demselben zugleich an! Und hier folgt das Gedicht, von dem zu Anfang gesprochen:

An Josef Kiss.[193]
(Als Erwiderung auf sein „Barátaimhoz")
Durch die Ferne, die uns trennet, reich ich dir die Freundeshand!
Sei es ewig dann geschlungen, das erhabne Freundschaftsband.
Sei es endlich dann der Faden, der dich aus dem Dunkel führt,

---

[187] Die Zeitung *Fővárosi Lapok* [Hauptstädtische Blätter] galt zwischen 1864 und 1903 als ein sorgfältig redigiertes belletristisches Organ. In den Klammern wurden jeweils die genaue Adresse oder die Druckanstalt angegeben.

[188] Gusztáv Emich (1814–1869) war ein ungarischer Buchhändler, Verleger und Drucker in Pest.

[189] Das illustrierte-belletristische Modejournal *Nefelejts* [Vergissmeinnicht] erschien zwischen 1859 und 1875.

[190] *Hazánk s a Kulföld* [Unsere Heimat und das Ausland] wurde 1864 mit dem Ziel ins Leben gerufen, sowohl Ungarn als auch dem Ausland Kenntnisse zu vermitteln. Als Vorbild galten die *Illustrated London News* sowie die Leipziger *Illustrirte Zeitung*. Das Blatt bestand bis 1872.

[191] Das nach den Vorbildern *Bazar* (Leipzig) und *Modes Parisiennes* gegründete Modejournal *Divat* [Mode] erschien zwischen 1866 und 1876.

[192] Im *Fővárosi Lapok* sind mehrere Provinzialbriefe von Kiss erschienen. Vgl. den Brief vom 11. September 1866.

[193] Eine Veröffentlichung des Gedichts konnte nicht ermittelt werden.

Drin die Seele lichtersehnend, an dem Schmerzensfeuer schürt.
Laß entfliehen, was vergangen, halt' das Rad der Zeit nicht ein.
Ist es Schuld, die dich verdüstert, ruf' ich mächtig: „Werde rein!"
Werde rein, und schließe muthig des vergangnen Jahre Thor,
Kräftig ringe deine Seele sich zum künftgen Licht empor.

Leucht'hinab ins tiefe Dunkel, das so bang dein Herz erschreckt.
Suche auf die finstern Geister, die dort hausen tiefversteckt!
Nicht gebebet! Stand gehalten! Sieh die Schemen, deren Drohn
Dich erfüllt mit stetem Sorgen, die du feige lang geflohn!

Sieh vor Allem hier den Zweifel an dem eigenen, guten Werth.
Diesen Geist bekämpfe muthig mit des Selbstvertrauens Schwert!
Hier das Bangen vor der Zukunft … Sieh, wie dir die Hoffnung winkt,
das Gespenst von dir zu jagen, wie sie hoch den Lorbeer schwingt!

Und die Einsamkeit! Wie traurig – und ihr Auge wie so trüb!
Und sie lispelt, daß dein Sehnen unverstanden immer bleibt.
Fort – sie lügt! Du bist verstanden, denn ich weiß es, was dich bleicht,
Und ich sage: Muthig, muthig! und das Ziel – das ist erreicht!

Tauche in den Quell des Wissens, daß die Fluth dich rings umrauscht,
daß die Seele den geheimen Worten dir hin flüstert, lauscht!
Wie das Drachenblut-Bad Siegfried schützte vor den Wunden all,[194]
Also vor den Geistern schützt dich dieser reinen Fluthen Schwall.

Siehst du nicht den Stern, den hellen, blitzend zwischen Wolken hoch?
Siehst ihn nicht? So ist dein Auge ungeübt und blöde noch,
doch ich sehe ihn – ich sah ihn – und der Stern – er heißet Kunst.
Und er glänzt als leichter Führer zwischen dunklen Nebeldunst.

Fasse meine Hand – so schreiten wir zusammen unsern Weg,
Mancher Irrgang will uns locken von dem kaum gebahnten Weg,
Öfters wird der Stern verdunkelt von der Leidenschaft Gewühl,
Eitelkeit verlegt den Pfad uns, flüsternd stets: „Hier ist das Ziel."

Aber ausgeharrt! Und endlich – – dämmerts noch entgegen schon – – –
Welche wunderbaren Auen … Welch ein seltner, tiefer Ton …
Hier das Ziel! Es flieht das Dunkel, und die Nacht – schon liegt sie weit,
Über uns erstrahlt die Sonne prächtig der – – Unsterblichkeit! –

---

[194] Anspielung auf eine Szene im Nibelungenlied, in der Kriemhild unabsichtlich
Siegfried verrät, als sie Hagen die Stelle nennt, an der sich beim Bad im Drachenblut
ein Lindenblatt auf seinen Rücken heftete. Diese Stelle war verwundbar, und Hagens
Wissen darüber war für Siegfried tödlich.

Mein „Deutschland"[195] ist fertig, kann aber der kriegerischen Verhältnisse wegen nicht abgeschickt werden.[196] Näheres darüber nächstens. Schreiben Sie bald, sonst ist sehr böse.

Ihr

Max Nordau

(Tabakgasse no 7, Thür 6[)]]197

2.

Herrn Kiss in Pankota[198]

Lieber Freund!

Ich habe Ihren Brief gelesen und mit Bedauern gefunden, daß mein Gedicht[199] auf Sie einen Eindruck gemacht hat, der von demjenigen ganz verschieden ist, den ich zu erzielen wünschte. Ich wollte Thatkraft in Ihnen erwecken, und Sie sprechen von einer „reggeli és esti ima"[200]; ich wollte Energie anflammen, und Sie – träumen, freilich poetisch, aber das sind doch immer nur Träume! Geben Sie mir lieber Antwort auf meine praktischen Ratschläge in Betreff der Matura! Ich bemerke Ihnen hiezu ausdrücklich, daß man bei den Reformirten diese – besonders Privatschülern – sehr leicht macht.[201]

Freund! Keine Trauer; Muth! Und sollten Sie schwach werden, so „reich ich dir die Freundeshand".

Haben Sie Vertrauen, seien Sie gewissenhaft gegen sich selbst, geben Sie sich nicht entnervenden Träumereien hin, sondern versuchen Sie die dunkeln Gefühle, die Sie in der Einsamkeit stets beschleichen, doch einmal bei hellem Lichte des Verstandes zu betrachten, und Sie werden finden, daß Sie nichts als leere Schatten sind, von denen beherrscht zu werden Sie sich schämen würden. Wissen Sie was, psychologisch erklärt, dieses Träumen ist Gedankenlosigkeit

---

195 Satirische Dichtung in zehn Gesängen, inspiriert von Heinrich Heines *Wintermärchen* und *Atta Troll*.

196 Anspielung auf die Ereignisse des Deutschen Krieges von 1866.

197 Der Wohnsitz der Familie Südfeld befand sich in Pest, in der Nähe der Großen Synagoge.

198 Pankota (rumänisch *Pâncota*) liegt heute in Siebenbürgen (Westrumänien), in der Region Arad.

199 *An Josef Kiss.* Siehe am Ende des vorangegangenen Briefes vom 18. Juli 1866.

200 dt.: Morgen- und Abendgebet.

201 Nordau selbst wechselte bewusst von einem katholischen Gymnasium zu einem kalvinistischen, wo er die Oberstufe belegte und schließlich maturierte.

ohne Nachdenken[,] ohne ausgesprochenen Hauptgedanken! Forschen Sie und Sie werden sehen, daß ich recht habe. Auch Natzi hat daran gelitten, und mehr als Sie gelitten und ich habe ihn durch dasselbe Prinzip, durch das Hinlenken auf seinen Verstand, zur Heilung gebracht.

Apropos Natzi: Er ist am 24. früh 6 Uhr abgereist,[202] und hat mir bis heute schon drei Briefe geschrieben. Seine Adresse ist: „Herrn Ign. Weiss in Kis Kér per Alt-Kér bei Neusatz."[203] Schreiben Sie ihm häufig, es wird ihn, da er allein ist, gewiß freuen.

Von Ihren kleinen Gedichten habe ich Ihnen wieder nichts Schmeichelhaftes; das erste ist unbedeutend, das zweite gar nicht glücklich umgearbeitet, es ist wieder nur eine erste Strofe da, während die übrigen abgesehen von ihrer poetischen Impotenz so scheuerliche Formfehler haben, als hätte sie Tatár Péter[204] geschrieben. Skandiren Sie Ihre Verse doch! Das dritte Gedicht ist verhältnißmäßig das beste (Einäugiger König der Blinden). Geben Sie mir doch endlich wieder wie durch „Egy boldogtalan dalaiból"[205] Gelegenheit, Sie zu loben!

Mein „Deutschland"[206] ist schon ganz, d. h. sammt Vor- und Nachwort, fertig, und macht mir jetzt durch das Abschreiben elende Arbeit. Ich habe nur wenig mehr zu kopiren, und kann Ihnen definitiv angeben, daß ich nun nachdem mich keine Kriegsverhältnisse mehr aufhalten, am 11. August das Gedicht an Otto Wigand[207] in Leipzig abschicken werde. Natürlich werde ich nicht ermangeln, Sie von einer entscheidenden Antwort des Verlegers rasch in Kenntniß zu setzen.

---

[202] Demnach wurde der Brief wohl nach dem 24. Juli 1866 geschrieben.

[203] Ortschaften in Serbien. Die größte davon ist Neusatz, serbisch Novi Sad, ungarisch Újvidék.

[204] Pseudonym von Imre Medve (1818–1878), der sich im Bereich Trivialliteratur einen Namen machte.

[205] Siehe den vorangegangenen Brief.

[206] Siehe das Ende des vorangegangenen Briefes.

[207] Der deutsche Verleger und Politiker Otto Friedrich Wigand (1795–1870) gründete 1827 in Pest eine Sortiments- und Verlagsbuchhandlung mit einer eigenen Filiale in Leipzig. 1833 ließ er sich in Leipzig nieder. Nordau erwähnt in seinen *Erinnerungen* jedoch nicht diesen Schritt, sondern lediglich die Zusendung des Manuskripts an Brockhaus. Siehe den Brief vom 1. September 1866.

Nun eine Nachricht, die Sie gewiß so erschüttern wird, wie mich: Während der gestrigen Vorstellung des „Brankovich György"[208] starb Egressy Gábor[209] während der Schlußszene des dritten Aktes (wo er beim Anblick seiner vom Serbenwoywoden zurückgeschickten blinden Kinder in Ohnmacht zu sinken hat) auf der Bühne. Sie erfahren dieses traurige Ereigniß durch diesen Brief um einen Tag früher als durch die Blätter.

Dem „Zwischenakt"[210] bin ich nicht untreu geworden, vielmehr schreibe ich Ihnen auch dieses aus dessen Redaktion, da ich sonst keine Zeit habe, und was das Petschaft anbelangt, so habe ich meines verloren, und war vom Schicksal demgemäß gezwungen, eines zu gewinnen. Daß meine Wahl gerade auf Herz fiel, verdankt dessen Petschaft seiner Größe und Ansehnlichkeit.[211]

Wenn ich Ihnen diesmal flüchtig und wenig schreibe, so ist dies keine Entschuldigung für Sie, wenn Sie das Gleiche thun. Ich erwarte vielmehr von Ihnen bald einen <u>großen</u> Brief. Schreiben Sie auch Natzi!

Ich bleibe ewig Ihr Freund

Max Nordau

Pest, 31. Juli 1866.

3.

Pest, den 26. August 1866.

Theurer Freund!

Heute früh habe ich Ihren Brief bekommen, der mir wahren Balsam bot. Armer Freund, wie Sie besorgt sind! Aber da Sie schwarz sehen, kann ich Sie doch nicht erschrecken, wenn ich Ihnen Alles sage: Nun denn, ich

---

[208] Das Trauerspiel wurde von Károly Obernyik (1824–1855) verfasst, der während der Niederschrift des letzten Aktes starb.

[209] Der Schauspieler Gábor Egressy (1806–1866) übernahm daraufhin die Bearbeitung des letzten Aktes. Während der Aufführung des Dramas am 30. Juli 1866 erlitt er einen Schlaganfall und starb wenige Stunden später.

[210] Vgl. Anm. 33.

[211] Nordau versiegelte seine Briefe vorsichtshalber. „Als der Petschaft verlorengeht, muß sofort ein neuer besorgt werden. Eher kann man am Essen sparen als am Ansehen." Schulte, *Psychopathologie*, S. 47.

habe einen sehr schlimm stehenden Schanker[212] am Gliede, eine Pauke an der linken Leiste, und seit heute schwillt mir der Theil unter der Eichel und macht mir gräßliche Schmerzen. Was aber auch Nazi nicht weiß, ist, daß ich vergangenen Montag einen Cholera (oder wie der Doktor beschönigend sagt: Cholerianno) Anfall [hatte], der fast 20 Stunden währte, und so entsetzliche Schmerzen bereitete, daß ich mich wundere, nicht grau geworden zu sein. Seit diesem Tage (also fast einer Woche) habe ich nichts mehr als zusammen etwa ¼ Pfund fester, und etwa 2 Pfund flüssiger Nahrung zu mir genommen. Mein ganzer Organismus ist herabgekommen, und bis zum Tode erschöpft. Was der Geist in Folge dieses Körperzustandes zu leiden hat, davon können Sie sich keinen Begriff machen; doch ja – wenn Sie diesen Brief mit meinem sonstigen Wesen vergleichen. Wie mein Körper zum Schatten abgemagert ist, so ist auch – wenn ich so sagen darf – mein Verstand abgemagert. Wer weiß, wie viel Monate nötig sein werden, mich nur geistig wieder zu erholen! Jetzt wenn jemals ist mir ein empfangener Brief ein freudiges Ereigniß. Da ich selbst nicht denken kann, freue ich mich kindisch zu sehen, wie Andere denken… Denken Sie doch viel, bester Freund, liebstes Kisschen, und schreiben Sie mir das Gedachte auf! Sie wissen nicht, wie es mich in meinem elenden Zustand freut, von jemandem, den ich lieb habe, etwas zu lesen.

Warum ich Ihnen nicht geschrieben habe, daß ich krank bin? Vor Allem hatte die Krankheit auf mich den Einfluß, daß ich eine gewisse Trägheit nicht überwinden kann. (Auch dieser Brief kostet mich saure Mühe.) Und dann wollte ich Sie, dem ich doch in meinem Leben noch so wenig Freude machte, nicht unnöthig betrüben, während ich dies Natzi leider schuldig war. Also darum ja keine Schlüsse aus diesem Stillschweigen auf kalte Freundschaft gezogen! Ich muß mich ein wenig ausruhen, ehe ich weiter schreibe. Es ist ein eigenes Gefühl zu sehen, wie Freunde sich um Einen grämen. Sehen Sie, es ist sonderbar, aber ich wünsche mir oft, zu sterben, um zu sehen, wie sich meine Freunde nach meinem Tode benehmen würden. Die Thränen und Seufzer würde ich mit Wollust entgegennehmen … Egoismus selbst nach dem

---

[212] Ein Geschwür an den Genitalien, das bei Geschlechtskrankheiten auftreten kann. Der harte Schanker wird auch als Syphilis bezeichnet. Zur sexuellen Kultur der Epoche siehe: Franz X. Eder: Sexual Cultures in Germany and Austria, 1700–1945, in: Franz X. Eder – Lesley Hall – Gert Hekma (eds.): *Sexual Cultures in Europe: National Histories*, Manchester & New York 1999, S. 138–172.

Sterben noch! – Aber so besorgt! Grämen Sie sich doch nicht, Freund, man stirbt ja nicht so schnell, wenn man jung ist! Gerührt hat mich Ihr pekuniäres[213] Anerbieten. Eben weil ich ein poetisch Fühlender bin und weil ich Ihr poetisches Gemüth kenne, mußte dieses von der rührendsten Aufmerksamkeit diktirte Anerbieten doppelt wirkungsvoll sein. Aber nein, ich danke Ihnen, ich hab's nicht noth. Ich brauche ein Wasser zum Waschen der Wunde, eine Salbe auf die Pauken, Pulver und Pillen zum Einnehmen, und jeden zweiten Tag Türkenbäder im Kaiserbade[214]. Dies würde jeden Anderen wöchentlich 5 fl. kosten, ich habe alle Medikamente und die Bäder umsonst, und brauche auf meine Kur blos 66^{Xr}[215] wöchentlich, für dreimaliges Fahren[216] nach und von dem Kaiserbade. Behandelt werde ich vom Dr. Poór,[217] zu dem ich wöchentlich zweimal gehe. Bewegung mache ich gar keine, außer Abends, wenn ich in die Redaktion gehe. Seit Natzi zu Hause ist, bin ich nämlich wieder bei den Eltern.[218] Zu Lesen habe ich nichts, und ich kann auch nichts lesen, mein Geist ist nicht stark genug für meine gewöhnliche Lektüre, und französische Romane lesen mag ich nun einmal nicht. Ja ja, schöne Situation das! Und wie ich dazu gekommen bin! Hat Ihnen Natzi nicht geschrieben?[219] Und überhaupt – er ist wol sehr besorgt, der arme Bruder? Schildern Sie mir doch den Ton des Briefes, in dem er Ihnen meine Krankheit meldet. Schreiben Sie

---

[213] dt.: Finanzielles, geldliches.

[214] Das 1806 errichtete Kaiserbad ist eines der ältesten Badeetablissements in Buda.

[215] Abkürzung für Kreuzer (Münze), auch als „Kr." gebräuchlich, bezeichnete eine Währungseinheit, wobei ein Gulden 100 Kreuzer umfasste.

[216] Um das Kaiserbad zu erreichen, musste Nordau aus Pest nach Buda (dt.: Ofen) fahren und dabei die Donau überqueren.

[217] Imre Poór (1823–1897) war ein ungarischer Hautarzt, Universitätsprofessor und seit 1864 korrespondierendes Mitglied der Ungarischen Akademie der Wissenschaften. Er nahm aktiv am Freiheitskampf von 1849 teil. 1860 gründete er die Fachzeitschrift *Gyógyászat* [Heilkunde], die sich als Gegenpol zur *Orvosi Hetilap* [Medizinische Wochenzeitung] definierte.

[218] Zeitweilig wohnte auch der familienlose Nazi bei den Südfelds (vgl. den Brief vom 18. Juli 1866). Wo Nordau außerhalb des Elternhauses wohnen konnte, ist jedoch unbekannt.

[219] Nazi fungierte als zentraler „Nachrichtenverteiler"; ihm schrieb Nordau am ausführlichsten, und Familienmitgieder sowie Freundeskreis sollten sich bei ihm erkundigen. An seine Schwester schrieb er: „Wie es mir äußerlich geht, das wirst Du schon aus meinem großen, an Nazi adressierten Brief, den er vorlesen muß, vernehmmen." Nordau, *Erinnerungen*, S. 30–31.

gleich, womöglich umgehend. Sie wissen ja, was für Mizwe[220] bei den Juden Mewacker-Chole-Sein[221] ist, und Ihr Brief thut mehr als Mewackercholesein. Aber schreiben Sie nichts Ernstes, schildern Sie Ihr Leben in Pankota, Ihre Pläne für die <u>nächste</u> Zukunft (aber nur für die nächste) oder – schreiben Sie was Sie wollen, nur schreiben Sie! Ich werde auch mit dem Antworten nicht faul sein, nur verlangen Sie nicht <u>viel</u> von mir, ich bringe Ihnen auch jetzt ein großes Opfer.

„Deutschland",[222] das schon am 1. hätte weggehen sollen, konnte erst am 22. nach Leipzig gehen, weil bis zu diesem Tage keinerlei Postverbindung mit Leipzig existirte. Wenn ich irgend ein Resultat erfahre, melde ich es Ihnen natürlich noch an dem selben Tage.

Kommissionäre[223] haben Sie – es ist was famoses. Kommt Freitag vor 8 Tagen (heute ist Sonntag) der Berger[224] zu mir mit Ihrem Briefe, sagt mir, daß darin von Röcken die Rede sei und daß er Montag komme, sie abzuholen. Darauf lief er fort, ohne zu warten, bis ich Ihr Schreiben öffnen konnte. Als er weg war, that ich dies, und las, daß Berger mir 4 Gulden geben solle! Aber wo ist ein Berger? Ich selbst hatte kein Geld, ich beschloß daher zu warten. Allein Montag verging, morgen ist schon sogar eine Woche, und von einem Berger keine Rede! – Übrigens, bis ich wieder gehen kann, schreibe ich Ihnen, dann schicken Sie die 4 Gulden und ich führe die Komission getreulich aus. Dazu brauchen wir ja keinen Berger. Überhaupt sparen Sie, sparen Sie um des Herren willen, damit Sie einmal maturiren können und nicht ewig Lehrer sein müssen!

Gott im Himmel! Ist das ein Lärm im Zimmer! Es ist 3 Uhr, um 4 findet die Trauung meiner Schwester[225] im alten Tempel[226] statt, Alles ist in Aufruhr,

---

[220] dt.: Pflicht.

[221] dt.: Einen Krankenbesuch abstatten.

[222] Siehe die beiden vorangegangenen Briefe.

[223] Kommissionär: Beauftragter; Komission (weiter unten): Anforderung, Auftrag.

[224] Die Person konnte nicht ermittelt werden.

[225] Nordaus Halbschwester stammte aus der ersten Ehe seines Vaters, Gabriel Südfeld, mit einer ungarischen Jüdin. Aus dieser Ehe gingen vier Kinder hervor, darunter auch die hier erwähnte Netti.

[226] Die Große Synagoge in der Tabakgasse wurde zwischen 1854 und 1859 erbaut. Vor ihrer Errichtung galt das sogenannte Orczy'sche Haus, unweit von der Tabakgasse, als Zentrum des jüdischen Lebens in Pest. Dort wurde 1830 eine Synagoge geschaffen, die jedoch nach 1859 zunehmend an Bedeutung verlor. Die Hochzeit soll dort stattgefunden haben. Vgl. Nordau, *Erinnerungen*, S. 36–38, Zsoldos, *Korai fejezetek*, S. 82.

die Mutter[227] schreit, Lotti[228] schreit, die Braut, Netti, schreit, die Friseurin schreit, auch gestoßen werde ich, mein armer Kopf ist ohnehin verrückt, meine Wunde brennt, als ob ein höllischer Gedanke der Wollust drauf läge – nein, ich kann nicht mehr! Leben Sie wol, besser als ich, und schreiben Sie bald, heute ist Sonntag, wenn es sein könnte, möchte ich längstens Freitag von Ihnen einen großen, dicken Brief lesen. Jetzt, nur jetzt nicht faul sein!

Ihr selbst im Leiden ewig gleicher Freund

Max Nordau

11. [4]

Pest, den 1. August. [1. September 1866][229]

Bester Freund!

Ich habe heute Ihren Brief erhalten, der mich in mancher Beziehung sehr freut; vor Allem, weil ich damit zugleich ein Zeugniß dichterischer Produktion bekomme, welche mich beim Freunde umsomehr erhebt, als Sie mir selbst seit einem Monate, für mich eine Ewigkeit, völlig versagt ist. Verlangen Sie noch keine Beurtheilung des Gedichtes, das ich erst einmal und flüchtig durchgelesen habe, Sie sollen es jedoch im nächsten Briefe finden. Vorläufig nur so viel: daß die Bilder im „Springbrunnen"[230] zwar kühn und originell, oft sogar gewaltig, daß sie aber fast immer zu schwerfällig sind. Sie müssen formell klarer sein. Das ist aber kein Tadel, warum, werde ich Ihnen nächstens sagen. Ihr Brief hat mich ferner darum so erfreut, weil ich ihn als ein Zeichen Ihrer Zartheit und Freundschaft für mich betrachte, die Sie veranlaßten, mir gleich zu antworten und für eine passende Lektüre für mich zu sorgen. Schreiben Sie nur häufig!

---

[227] Sarah Rosalie Südfeld war seit 1845 die zweite Ehefrau von Nordaus Vater, Gabriel Südfeld.

[228] Charlotte („Lotti") Südfeld und Simon Maximilian Südfeld (der spätere Max Nordau) stammten aus der zweiten Ehe des Vaters.

[229] Falsch datiert, korrekt: 1. September 1866. Am Ende des Briefes schreibt Nordau über Publikationen am 26. August, und im nächsten Brief bezieht er sich auf das vorangegangene Schreiben vom 1. September. Auch die Bezugnahme auf seinen Zustand bzw. seine Krankheit liefert chronologisch aufschlussreiche Hinweise. Irreführend ist zudem, dass der Brief in der Ungarischen Nationabibliothek als Teil 11 der Korrespondenz nummeriert wurde.

[230] Später wurde das Werk auch *Szökőkút* betitelt. Im Band *Kiss József összegyűjtött versei* ist es jedoch nicht verzeichnet.

Sie verlangen die Meerarbeiten,[231] voilà,[232] hier sind sie! Ich habe mir mit Nachnahme 1^{fl} 20^{kr} zahlen lassen, weil mich Ihre Andeutung, das Buch sei nicht für Sie, bestimmt glauben läßt, daß auch Sie es nicht bezahlen. Gegen [sic!] Sie mir darüber bestimmte Aufklärung! Übrigens schadet mir das Geld jetzt nicht, und die Gebr. Deutsch spüren dies ein Exemplar, das ich natürlich mitgehen geheißen habe, nicht; und wenn ja, so mache ich mir nicht viel daraus.

Wie freudig stimmt mich die Nachricht, daß Sie anfangen lateinisch zu lernen! Sei gesegnet der Mensch oder Gegenstand, der Sie auf die Bahn gelenkt, die Sie allein zu einer lichten Zukunft führen kann! Lernen Sie nur fort, und ich hoffe, Sie mit nächstem August mit einem Maturitätszeugniß in der Hand vor mich treten zu sehen. – Daß Ihnen von „Főv. lap."[233] kein Freiexemplar gesendet wurde, wundert mich; schreiben Sie nochmals, gut und bestimmt. Überhaupt – was hat die Redaktion geantwortet? War der Brief etwas werth? Habn Sie mit vollem Namen unterzeichnet? Nur ausführlich, Sie wissen ja, bester Freund Kiss, welchen Antheil ich an Ihnen nehme! Und wenn wir nicht aneinander Antheil nehmen, was soll dann die kalte, fremde Welt denn sagen und thun? Ihre Hand, wir verstehen uns ja! Sie gehören ja mit zu jenen, die die Natur zu mir, zu denen mich die Natur geführt hat, damit wir in warmer Gemeinschaft den kalten Stürmen von Außen trotzen können.

Ihnen schreibt Józsi[234] – mir schreibt er nicht. Auch gut, er weiß ja, was er thut, er ist ja klug! Ich bin gegen ihn sehr gleichgültig, seit er im Stande war, zwei Monate lang auf zwei meiner Briefe nicht zu antworten! Bringn Sie ihm das bei Gelegenheit bei, ja? –

Nun zu mir. Der Doktor sagt zwar, es geht besser, ich sage aber: Nein! Denn ich habe zum Schanker und zu zwei Pauken den spanischen Kragen[235] bekommen. Morgen werdens vier Wochen, seit ich leide, und noch nicht besser. Gott, Gott, wenn dies noch lange dauert, ich muß verzweifeln! Geistig

---

[231] Es konnte nicht ermittelt werden, um welches Buch es sich dabei handelt.

[232] dt.: Sieh da! Seht her! Da schau an!

[233] Siehe den ersten Brief vom 18. Juli 1866.

[234] József Keszler (1846–1927) war ein Jugendfreund von Kiss, der später als Journalist, Schriftsteller und Kritiker tätig war.

[235] Auch Paraphimose, d. h. eine Vorhautverengung. Zu den bereits bestehenden gesundheitlichen Problemen siehe den Brief vom 26. August 1866.

ebenso ruinirt sein als körperlich, faktisch seine ganze Zeit mit Waschungen und dem Bade zuzubringen, Schmerzen und Besorgniß gleichmäßig zu erdulden und – allein zu sein! Es geht nicht länger.

Aber lassen wir das – wenn ich klage, Sie werden mir doch nicht helfen! „Deutschland" hatte ich am 22. weggeschickt, am 26. kam das Paket in Leipzig an, und noch am <u>selben</u> Tag retournirte es Wigand mit einem überaus höflichen Briefe des Inhalts: „Werther Herr! Ohne Rücksicht auf den einem Werth muß ich den Verlag ablehnen, weil mich die letzten Ereigniße für lange Zeit unfähig gemacht haben, neue Verbindlichkeit einzugehen, u.s.w."[236] Ich bin gleich zu Lilian[237] gegangen, um zu fragen ob dies Ausrede oder Wahrheit sei, und Lilian versicherte mich bestimmt das Letztere. Wigand hat die Rücksendung anständig frankirt. Morgen geht das Paket zum zweitenmal, diesmal an Brockhaus ab;[238] wenn dieser es zurückschickt, geschieht es wenigstens aus einem andern Grunde, als bei Wigand.

Hand und Kopf sind gleichmäßig ermüdet, ich kann nicht mehr auf einmal schreiben. Aber nicht wahr, das hält Sie nicht ab, mir viel zu schreiben? Wenn ich gesund bin, sollen Sie keinen Brief von mir erhalten, der mindestens acht große Seiten lang ist, nur jetzt schreiben Sie viel.

Haben Sie sich auch an die andern Redaktionen, die ich Ihnen genannt, mit Briefen gewendet? Wenn nicht, so thun Sie es gewiß. In No 34 des „Nefelejts"[239] vom 26. August ist zum erstenmale ein Gedicht Józsis, „Sors",[240] abgedruckt. Der Kerl wird sich freuen! Er weiß natürlich nichts davon. Wann werde ich schon Sie darart überraschen können?

Also – nur lernen, nur an die Zukunft denken, und nebenbei auch ein wenig an Ihren

Max Nordau

---

[236] Siehe die vorangegangenen Briefe.

[237] Seine Person konnte nicht ermittelt werden.

[238] Das Bibliographische Institut & F. A. Brockhaus in Leipzig befand sich in den 1860er Jahren unter der Leitung von Heinrich Eduard Brockhaus (1829–1914). „Mit seiner schönsten Kalligraphie schrieb er die 7.500 Verse ab, befestigte die Blätter zusammen, packte das Manuskript sorgfältig in weißes Papier ein und schicke es an F. A. Brockhaus nach Leipzig." Siehe: Nordau, *Erinnerungen*, S. 26.

[239] Siehe den Brief vom 18. Juli 1866.

[240] Unterzeichnet als Pászty József. *Nefelejts*, Nr. 34 v. 26. August 1866. S. 402. Da József Keszler in Pásztó geboren wurde, bildete er aus dem Ortsnamen den Pseudonym Pászty.

NB. Apropos, Sie korrespondiren ja sehr faul, schreibt Natzi, alle drei Wochen ein Brief, warum ist das? Sie werden doch – hoffe ich – nicht faul sein? Das wäre unter Freunden entehrend!

Sr. Wolgeboren Herrn Josef Kiss
Pankota

4.

Pest, den 11[.] Septemb. 866.

Liebster Freund, mein bester Kiss!

Ihren ungeduldig erwarteten Brief, habe ich gestern, am 1ten Tag Rosch haschonoh,[241] erhalten, zu einer Zeit erhalten, wo er mir wahrhafter Trost war, doch davon später. Jetzt erkläre ich Ihnen nur, daß ich weder gestern, noch heute, als am zweiten Festtage, Gelegenheit hatte, zu Hause zu schreiben. Allein jetzt bin ich in der Redaktion, zu thun habe ich nichts, ich schreibe als [!] Ihnen, und zwar in Ermangelung eines anderen Papieres, auf dieses „gefundene" blaue, das meine Augen in demselben Maße verdirbt, als es meine Schrift unleserlich macht.

Bester Freund, Ihre Theilnahme, mit der Sie fürchten, der nächste Brief werde wieder ärgere Hiobsgesten[242] bringen, hat mich innig gerührt. Allein unbesorgt! Ich beginne mich nach und nach zu erholen, mich aus den Banden, in die eine höllische Krankheit Körper und Geist geschlagen, allmälig zu entwinden. Hier meine Krankengeschichte der letzten Woche. Als ich Ihnen zuletzt schrieb, d. h. am 1., hatte die Syphilis ihren Höhepunkt, ihre Krisis erreicht; ich hatte zu gleicher Zeit: zwei Pauken, die mich am Gehen verhinderten, einen Schenker, der auffallend um sich fraß, einen spanischen Kragen, der entsetzlich schmerzte, Feuchtwarzen, die mich beim Stuhlentleeren, und einen beginnenden syphilitischen Tripper,[243] der mich beim Uriniren höllisch quälte. So behaftet, war ich völlig verzweifelt, ohne Phrase gar dem Selbstmorde auf eine Haarbreite nahe. Sonntag (2.) war ich bei Póor,[244] und

---

[241] Rosch ha-Schana (auch *Rosch ha-Schanah*) ist der jüdische Neujahrstag.

[242] Eine Hiobsbotschaft (Hiobsnachricht, Hiobspost) bezeichnet eine Nachricht mit einem für den Empfänger niederschmetternden, katastrophalen Inhalt.

[243] Gonorrhoe, umgangssprachlich auch Tripper genannt.

[244] Korrekte Schreibweise: Poór.

zu meinem gewaltigen Erstaunen lächelt der Mann, nachdem er alles gesehen und gehört hat, und sagt: „Nur unbesorgt, junger Freund, es ist alles gut. Ich habe Ihnen im Voraus gesagt, daß das erste Stadium der Krankheit nach drei Wochen beendet ist. Nun wol – die drei Wochen sind vorüber, das Gift stürmt zum letztenmal gegen Ihren Organismus aufs heftigste an, aber nur um dann zu weichen. All diese Übel werden viel schneller verschwinden, als Sie glauben, nur mache ich Sie aufmerksam: daß Sie jetzt der geringste Diätfehler, die kleinste Vernachläßigung unglücklich macht. Befolgen Sie alles genau und seien Sie sorglos." So viel hatte Póor noch nie gesprochen, ich war getröstet. Er verschrieb mir auf Einmal vier Rezepte. Gegen den Tripper „Aqua satura"[245] zum Einspritzen. Gegen Schenker und spanischen Kragen „Aqua destillata"[246] und „Aqua phagadaea fl."[247] zum Waschen. Gegen Pauken: „Sperma leto"[248] „Kali bicarb."[249], Salbe zum Aufstreichen, gegen die Feuchtwarzen ebenfalls eine Salbe, deren Rezept ich vergessen habe. (Nebenbei, fragen Sie doch Ihren Bekannten, den Apotheker, nach all diesen Mitteln! Da er Sie so viel fragt, rächen Sie sich auf gleiche Weise!) Und richtig, nach drei, sage drei Tagen war Alles verschwunden! Es ist unglaublich! Heute habe ich nur mehr ein ungeformtes Glied und den Schenker, der täglich kleiner wird, und sich nach Póors Meinung in einer Woche wahrscheinlich schließen wird! Aber warum Ihr Brief mir gestern als Trost kam? Weil ich vorgestern einen furchtbaren Anfall von Magenkrampf wieder bekam, der mir auf eine Nacht die Besinnung raubte (denken Sie, wie meine Eltern bei einer 8 stündigen Ohnmacht, bei völliger Pulslosigkeit und Erkaltung, erschraken!) und mich gestern in einem Zustand ließ, in welchem ich tiefbewegt mich freute, daß Freunde für und an mich denken, wenn ich selbst nicht denken [sic!]. Mit der Beschreibung dieser Krankheit will ich Sie nicht quälen: Ich bin noch jetzt so schwach, daß ich kaum diese Feder halten kann, beim Gehen umsinken muß, und dabei noch immer einen Schmerz im Magen fühle, der nicht zu schildern. Herr, nur gesund wenn ich wäre!

---

[245] Gesättigtes Wasser.

[246] Destilliertes Wasser.

[247] Phagedänisches Wasser: besteht aus ätzendem Quecksilbersublimat, das in Kalkwasser gelöst ist. Es wurde als äußeres Mittel bei fressenden Haut- und syphilitischen Geschwüren verwendet.

[248] Konnte nicht ermittelt werden.

[249] Kaliumbicarbonat: anderer Name für Kaliumhydrogencarbonat.

Nun zu Ihrem Briefe. – Sie trauern sich wehmüthig über die „Nefelejts" Nummer,[250] getrost, bald, viel eher als Sie glauben, sollen Sie auch „einen Pallast [!] errichtet haben". Und was hat man auch an einem solchen Palaste? Von mir sind schon etwa 29 Originalgedichte, eine Anzahl Übersetzungen, ein halb Dutzend Märchen, und ganz gute Märchen, unzählige literarhistorische Aufsätze erschienen, und was bin ich jetzt mehr, als ich war?[251] Das heißt noch Alles nicht[s]! Selbstständig wenn man vor die Welt treten kann, dann, aber erst dann hat man sich entweder einen Palast erbaut, oder – ein Grabgewölbe!

Sie verlangen noch zwei Exemplare „Meerarbeiten",[252] hier erhalten Sie sie, und ohne Nachnahme. Sie äußern eine Physik nöthig zu haben.[253] Sie sollen sie besitzen. Nur lernen! Allein Sie äußern etwas von einem Leide, das Sie drückt, und womit Sie mich nicht belasten wollen… Das hat nicht der Freund geschrieben, nur der „Bekannte". Der Freund würde wissen, daß der Magnet kräftiger wird, je mehr er trägt! Schütten Sie Ihre Seele aus! Und können Sies nicht in Form eines Geständnißes, so, lächeln Sie nicht, thun Sie es im Liede, da theilt sich die Seele freier mit. Ihren „Szökökút"[254] kann ich erst im nächsten Briefe ausführlich beurtheilen, wenn Sie glauben, schicken Sie ihn immerhin an Zilahy[255] – nur keck sein! Ihre Novelle wird mich freuen, nur eilen Sie ja nicht! Das ist der Ruin aller neueren Dichtwerke! Den „Főv. lap." schreiben Sie nochmals eine Provinzkorrespondenz, legen einige Gedichte,

---

250 Nordau hat Kiss geraten, seine Gedichte u. a. in der Zeitschrift *Nefelejts* zu veröffentlichen. Józsi Keszler hat dies mittlerweile erreicht. Siehe die Briefe vom 18. Juni und 1. September 1866.

251 Von dieser Anzahl der Nordau'schen Jugendpublizistik konnte meinerseits bislang nur ein Bruchteil rekonstruiert werden. Vgl. Anm. 26–31. Im Katalog der Hebrew University findet sich jedoch ein Hinweis darauf, dass mindestens 24 weitere Jugendgedichte – überwiegend in Rákos-Keresztúr verfasst – aus den Jahren 1866–1873 handschriftlich überliefert sind. Signatur: Maxa Nordau Collection ARC. 4* 2010 2 10.

252 Siehe den vorangegangenen Brief vom 1. September 1866.

253 Es handelt sich um Lehrmaterialien für das Gymnasium.

254 Siehe den vorangegangenen Brief vom 1. September 1866.

255 Der Dichter, Übersetzer und Journalist Imre Zilahy Kiss (1845–1867) schrieb für zahlreiche ungarische Zeitschriften und war in allen Organen präsent, die Nordau im Briefwechsel mit József Kiss empfohlen hatte. Nordau war sich offenbar bewusst, dass Zilahy eine Anthologie plante. Diese ist 1867 unter dem Titel *Aurora: Album-Naptár magyar hölgyek számára* [Aurora: Album-Kalender für ungarische Damen] erschienen, aber ohne einen Beitrag von József Kiss. Vgl. Zsoldos, *Korai fejezetek*, S. 84.

darunter Übersetzungen, bei, und fügen ungefähr dazu: „Das Erscheinen meines ersten Briefes ermuthigt mich,[256] Ihnen einen zweiten Bericht und einige Gedichte zuzusenden u.s.w. Von einer Zusendung mindestens der Nummern, in denen etwas von mir enthalten ist, ersuche ich höflichst u.s.w." Endlich schreiben Sie doch auch an die übrigen Modeblätter![257] Nur Verbindungen anknüpfen, das ist unbezahlbar!

Ihr Vorwurf Nazi gegenüber ist bei mir wolangebracht, im nächsten Brief kriegt er seinen tüchtigen Verweis. Wenn er Ihnen übrigens nur alle drei Wochen schreibt, so werden Sie nur wenige Briefe mehr von Kis Kér[258] aus bekommen, denn in drei Wochen muß er schon einige Zeit hier sein!

Sie haben die Stelle für die Neujahrswünsche[259] leer gelassen, ich thue das nicht. Ich wünsche Ihnen als „Bekannter" nur dreierlei fürs nächste Jahr: eine Matura, Heckenast als Verleger,[260] und Gesundheit. Und der Freund wünscht Ihnen außerdem noch mindestens 300 Stunden wahrer, poetischer Muße. Dann sind Sie ganz glücklich. An Neuigkeiten weiß ich nicht viel. Apropos, habe ich Ihnen in der Hitze des Gefechtes vielleicht vergessen mitzutheilen, daß meine Schwester Netti am 25. August geheiratet hat?[261] Vorgestern Nachmittag ist Czuczor[262] an der Cholera gestorben, gestern wurde er begraben. Die Cholera wüthet hier heftig.[263] Ich habe Ihnen doch geschrieben,

---

[256] Ein kurzer, unbetitelter Beitrag aus Pankota erschien im Tageblatt *Fővárosi Lapok* in der Rubrik „Vidék" [Auf dem Lande] am 11. August 1866 (Nr. 183, S. 740) mit der Signatur (K–s.). Ihm folgten zwei ähnliche Beiträge, einer am 5. Oktober 1866, (Nr. 227, S. 936) und ein weiterer am 27. Oktober 1866 (Nr. 227, S. 1011–1012).

[257] Die gängisten illustrierten Blätter der Epoche: *Vasárnapi Ujság* [Sonntagszeitung], *Hazánk s a Külföld*, *Képes Néplap* [Illustriertes Volksblatt], *Magyarország és a Nagyvilág*, *Képes Világ*, *Ország-Világ* [Land und Welt], *Divat*, *Pesti Hölgy-Divatlap* [Pester Damen-Modejournal].

[258] Siehe den zweiten (undatierten) Brief.

[259] Gemeint ist das jüdische Neujahr. Nach dem gregorianischen Kalender fällt das Fest in den September oder die erste Hälfte des Oktobers; das genaue Datum variiert von Jahr zu Jahr.

[260] Gustav Heckenast (1811–1878) war ein ungarischer Buchhändler, Drucker und Verleger.

[261] Siehe den Brief vom 26. August 1866.

[262] Gergely Czuczor (1800–1866) war ein ungarischer Dichter, Sprachwissenschaftler, Benediktinermönch und Mitglied der Ungarischen Akademie der Wissenschaften. Er verstarb am 9. September (Sonnntag) und wurde am folgenden Tag begraben. Vgl. *Fővárosi Lapok*, Nr. 206 v. 10. September 1866, S. 850.

[263] In den Jahren 1866 sowie zwischen 1868 und 1870 wütete in Europa die Choleraepidemie.

daß ich sie vor mehr als zwei Wochen hatte und 3 Tage lang zwischen Tod und Leben schwebte? Mein Gedächtniß ist so schwach geworden! Ich bin gar nicht der Alte mehr!

Nur bald (ich sollte sagen: gleich) antworten Sie schon, ich thue für einen so Kranken und Erschöpften mein Möglichstes! Ich bin jetzt ganz allein, seit auch Dr. Földényi[264] krank, und Eisenstein[265] abgereist ist.

Es drückt Ihnen die Hand Ihr Freund

Max Nordau

5.

Herrn Kiss, Pankota

Pest, den 28. Sept. 1866.

Bester Freund!

Sie verlangen augenblickliche Beantwortung, es wird kein Malheur sein, wenn ich einen Tag lang säume, und statt gestern erst heute schreibe. Sie bieten mir Ihren Posten an,[266] dagegen habe ich vielerlei einzuwenden. Erstens gebe ich Ihnen mein Ehrenwort, daß ich ihn nicht annehme, so lange Sie nicht in Kis Jenő[267] sind; zweitens betrachte ich diesen Posten nur als Nothhafen, den ich erst aufsuchen will, wenn ich gar nichts anderes habe, ich überlege nur nämlich, daß Sie ein sehr verträglicher Mensch sind und es doch nicht ausgehalten haben. Trachten Sie also, ich bitte Sie sehr darum, den Lilienfeld[268] noch eine Woche mit Versprechungen hintanzuhalten, damit er bis dahin keinen anderen Hofmeister nimmt. Nach Verlauf einer Woche werde ich schon bestimmt wissen, ob ich annehme oder ablehne, und Sie werden wissen, ob Sie in Kis Jenő acceptirt sind oder nicht. – Ich lebe in einer leicht

---

[264] Der Publizist und Advokat Frigyes Földényi (geb. Feldinger, 1819–1903) war bereits vor 1848 publizistisch aktiv, u. a. in den Organen *Temesvarer Zeitung, Der Ungar* und *Pesti Divatlap.*

[265] Bezüglich der Person konnte lediglich Adolf Eisenstein, tätig u. a. als Übersetzer, ermittelt werden. Lebensdaten sind unbekannt.

[266] Nordau trug sich selbst mit dem Gedanken als Hauslehrer tätig zu sein.

[267] Kisjenő (rumänisch *Chişineu-Criş*) ist eine Ortschaft in Siebenbürgen (heute Westrumänien), bei Arad, unweit von Pankota.

[268] Bei der Familie Lilienfeld verdiente Kiss seinen Lebensunterhalt als Hauslehrer.

begreiflichen Ungeduld, Józsi wollte, ich solle seinen Platz in Zomba[269] übernehmen, dort zahlt man aber nur 180 fl.; und dann ist Józsi noch gar nicht
gekommen, nur erwarte ihn seit Sonntag (heute ist Freitag) täglich beim
Schiff, aber wer nicht erscheint ist unser Wahrheitliebender Freund Pászty.
An Schaffer[270] habe ich mich gewandt, und der Schuft bot mir nach langem
Hin- und Herkauen einen Posten mit 140–160, und einen mit 15 fl. monat-
lich an; ihm brauche ich nur 10 fl[.] zu geben!! Das sind schöne Aussichten
für einen Menschen, der mindestens 220 fl. haben muß, wenn er das Jahr
nicht umsonst vergeudet haben will! Der Lehrer Fischer[271], den Sie kennen
werden, hat mich auch irgendwohin empfohlen, wo ich 180–200 fl. bekommen soll. Ich sage zu Allem ja, offerire mich überall, um nur eine Wahl zu
haben. Aber was nützt die Wahl, wenn Alles sich gleich ist, wie ein Ei dem
andern? Dieser Zustand drückt begreiflicher Weise auf den Geist, und ich
befinde mich fortwährend in einem Zustande äußerster Unruhe. Körperlich
dagegen, glaube ich, bin ich nun schon ganz gesund.

Wenn Sie können, schauen Sie Ihren Chef[272] dahinzubringen, daß er doch
220 fl. und die Reisespesen gebe, dann stünde unserer Nachbarschaft gar
nichts im Wege, vorausgesetzt natürlich, daß Sie den Posten in Kis Jenő
bekommen. In einem anderen Falle existirt Pankota für mich nicht!

Natzi war vor einigen Tagen etwas unwol, ist nun aber hergestellt. Ich
habe nicht die Geduld, länger zu schreiben, ersuche Sie aber, <u>ganz gewiß</u>
sofort nach Empfang dieses Briefes zu antworten, und mir alle Aussichten
umständlich mitzutheilen, die Sie für meine nächste Zukunft haben. Ein
Tag Versäumniß würde mich vielleicht zu einer Wahl veranlassen, die mich
nachträglich reuen müßte, deshalb, bei Ihrer Freundschaft für mich! umgehend antworten.

---

[269] Es handelt sich um eine Ortschaft im Komitat Tolna, im Süden Transdanubiens.

[270] Seine Person konnte nicht ermittelt werden.

[271] Die Identität der betreffenden Person kann nicht eindeutig festgestellt werden. Zur
damaligen Zeit gab es mehrere Lehrer mit dem Namen Fischer, die Nordau unterrichtet
haben könnten. In den Schulnachrichten sind keine Gymnasiallehrer dieses Namens
in der katholischen Lehranstalt zu finden. Es ist jedoch anzunehmen, dass es sich um
einen Lehrer am kalvinistischen Gymnasium handelte. Vgl. Ujvári, *Dekadenzkritik*,
S. 21.

[272] Lilienfeld, der Hausherr von Kiss.

Übrigens noch etwas. Wenn Sie placirt sind, und Lilienfeld 220 fl. nebst Reisespesen bewilligt, so brauchen Sie mich nicht erst zu fragen[,] sondern acceptiren für mich. Dieser Brief gibt Ihnen Vollmacht. Hindurch würden einige Tage erspart, die das Hin- und Herschreiben kostet. Zu dieser Voraussicht werde ich solange zögern und nirgends bestimmt zusagen oder Geld nehmen, so lange ich keine Antwort von Ihnen habe.

Das erste mal, daß ich Ihnen nichts zu sagen habe, als nur von „Geschäftssachen"; dies soll anders werden, wenn ich erst Ihr Nachbar bin, es verspricht dies

Ihr

Max Nordau

6.

Rákos Keresztúr, den 7. Okt. 1866

Liebster Kiss!

Sie sehen an dem Poststempel, daß Ihr Schreiben zu spät gekommen: alea jacta est,[273] ich habe einen Posten. Ich bekomme 220 fl., habe Aussicht auf Erhöhung des Gehaltes, bin bei ausgezeichneten Leuten, lebe, wie ich noch nie gelebt habe, und bin von meinen Lieben in Pest kaum zwei Stunden (zu Wagen) entfernt; wenn ich schon aufs Land ging, so konnte ich es nicht unter besseren Bedingungen wünschen.[274]

Heute ist Sonntag. Seit Donnerstag Nacht bin ich hier,[275] und in dieser kurzen Zeit habe ich wol um 3 Zoll im Umfange zugenommen. Die Gewißheit, nun fast alle Hindernisse aus dem Wege geräumt zu haben, erfüllt mich mit Muth, und was ich schon lange entbehren mußte, stellt sich nun wieder ein, Stunden der Stimmung und der Weihe nämlich. Auch heute morgen fühlte ich den Kuß der Muse, das beigeschlossene, nicht gelungene, aber stimmungsvoll-melancholische Winterliedchen[276] ist das Produkt dieser

---

[273] Alea iacta est: „Die Würfel sind gefallen" – von Gaius Julius Caesar. Zu verstehen als: „Nun wird es sich entscheiden."

[274] Nordau trat seinen Dienst als Hauslehrer in Rákos-Keresztúr, unweit von Pest, an.

[275] Schulte (*Psychopathologie*, S. 45) gibt an, dass Nordau seine Stelle am 4. September angetreten haben soll. Dies widerspricht jedoch dem Datum des Briefes, der auf Anfang Oktober 1866 hinweist.

[276] Siehe am Ende des Briefes.

Stunde. Es soll zugleich die Erwiderung Ihres sehr hübschen humoristischen Gedichtchens[277] bilden.

Was mich einzig mit Schmerz erfüllt, aber einem Schmerze, der reichlich all das hiesige Wolleben aufbietet, das ist der Gedanke an den einsamen Nazi, an meine trauernde Schwester,[278] und dazu kommt noch, daß auch Sie noch nichts Gewisses über Ihre Zukunft wissen. Würden nur Sie schon versorgt![279] Begännen nur schon Natzis Vorlesungen![280] Wüthete nur in Pest die Cholera nicht mehr so arg! Sorgen[,] Sorgen und Sorgen, Leid, Schmerz, Trübsal, wo ich gedacht hatte, Frieden zu finden. Ich sehe nun auch gerade doch ein; daß der Mensch nicht zufrieden (glücklich wag' ich nicht zu sagen) sein kann, wenn er nicht ganz allein ist. So lange das Herz noch durch Gefühlsfäden mit Anderem verbunden ist, muß leidvoll und freudvoll durch jede Bewegung, die von außen kommt, erschüttert werden. Nur wenn man ganz auf sich beschränkt ist, kann man Herr über die Umstände werden, was allein des Menschen Glück ausmacht. Sonst sind immer die Umstände und Zufälle über das Individuum herrschend.

Ich bin erst 2½ Tage hier, und erfreue mich schon großer Beliebtheit. Der Schwager meines Chefs, ein Rittmeister bei der Artillerie, der jetzt auf Urlaub hier ist, küsst mich fortwährend, und wir duzen uns schon. Die Frau vom Hause, für eine Dorfdame hochgebildet, macht mir beständig Complimente,[281] der Hausherr wagt gar nicht zu mir zu sprechen.[282] Gestern betrank ich mich mit 3 Halben zehnjährigen herrlichen Rothweines scheußlich. Mittags trank ich, um 1 Uhr brach ich, um ½ zwei schlief ich; um 6 Uhr erwachte ich und bekam Ihren Brief mit einem Schreiben von Zuhause, um 7 Uhr trank ich einen schwarzen Kaffee und brach wieder, ich legte mich wieder um 8 Uhr,

---

[277] Es ist nicht bekannt, auf welches Gedicht von Kiss der Brief sich bezieht.

[278] Wie schon angedeutet, 1866 und 1867 wütete eine Choleraepidemie in Pest, die viele Opfer forderte, sicherlich auch aus Nordaus Umfeld. Seine Schwester und Mutter kamen unversehrt davon.

[279] Ob Kiss eine neue Anstellung erhalten wird, ist noch ungewiss.

[280] An der Pester Universität.

[281] Der junge Südfeld stellte sich der Familie als „Max Nordau" vor, wurde auch so genannt. Er präsentierte sich als Dichter, Journalist und angehender Wissenschaftler, las der Hausdame Gedichte von Heinrich Heine sowie eigene Werke vor, die auf positive Resonanz stießen. Vgl. Schulte, *Psychopathologie*, S. 47.

[282] Nordau unterrichtete in einem besseren Deutsch als das der Gutsbesitzerfamilie. Ebd.

worauf ich heute früh erwachte, mit einem Katzenjammer, an dessen Größe nur mein Hunger erinnerte.

Mein Chef heißt Fuchs,[283] ist reich, hat Realschulen absolvirt, meiner Schülerinen sind vier, davon zwei krank. Ich habe hier mehrere werthvolle Werke gefunden, die mich faktisch entzückten[.] (So Thiers Geschichte der franz. Revolution in 20 Bänden, Boz's sämmtl. Werke, einen Ollendorf sammt Schlüssel, u.s.w.)[284] Ich glaube, ich werde an Leib und Seele hier gesunden. Ich will nach einem Jahre viel aufzuweisen haben.

Der Ort hat 200 Nummern und ist sehr rein. Es wohnen hier Slowaken, doch auch Ungarn (sehr wenig) und etliche eingewanderte Würtemberger, die mich sehr interessiren. Die letzte Post ist Steinbruch[285]; der Postverkehr beschränkt sich auf wöchentliche drei Posttage. Zum Glück aber verkehrt zwischen hier und Pest ein Omnibus, dessen Besitzer auch Briefe befördert. So kann ich um 5^{Kr}[286] einen ganzen Pack Briefe um sechs Uhr frühe hier dem Kutscher geben; und um 10 Uhr hat ihn der Adressat in Pest schon, und wenn man umgehend antwortet, kann ich noch um sechs Uhr Abend die Antwort haben, da der Wagen um drei Uhr Nachmittags von Pest abgeht.

Versäumen Sie ja nicht, mir so bald als möglich zu schreiben. Wenn Sie gesonnen sind, Nazi extra zu schreiben, so adressiren Sie Ihren Brief an „Max Nordau bei Herrn Fuchs in Rákos Keresztúr bei Steinbruch", wenn aber Nazi einen Antheil an den Brief hat, so werde dieser unter der gewohnten Adresse nach Pest versehen, ich bekomme ihn gewiß noch denselben Tag. Lassen Sie mich nicht lange in Ungewißheit über Ihr Schicksal! Ihr „Polstergedicht"[287] habe ich meiner Gnädigen vorgelesen, die nicht genug Lobsprüche dafür auftreiben konnte. Ich verbeugte mich ein über das anderemal für Sie, und freute mich der Anerkennung, die Ihnen zu Theil wurde. Nur produzieren!

---

[283] Die Familie Fuchs war die jüdische Gutsbesitzerfamilie von Nordau in Rákos-Keresztúr.

[284] Louis Adolphe Thiers (1797–1877) war ein französischer Politiker und Historiker. Seine *Histoire de la Révolution française* (dt.: *Geschichte der französischen Staatsumwälzung*) entstand zwischen 1823 und 1827. Boz war das Pseudonym von Charles Dickens (1812–1870), vor allem seine Frühwerke hat er unter diesem Namen veröffentlicht. Heinrich Gottfried Ollendorff (auch Henri Ollendorff, 1803–1865) war ein deutscher Grammatikschreiber und Sprachpädagoge.

[285] Kőbánya, ein Teil von Pest (heute der 10. Bezirk in Budapest).

[286] Auf der Vorderseite des zweiten Briefes ist der Briefstempel „5 Kreuzer" deutlich sichtbar.

[287] Keine weiteren Angaben.

Das richtet den Geist sehr auf. Und lernen! Ich mache es jetzt ernst, ich wollte es geschähe dies auch Ihrerseits. Machen Sie sich der Pränumerationsgelder wegen keine Sorgen, nur leid ist mir, daß ich Ihnen die erhofften 20 fl. zu nichte mache.[288] Übrigens, wenn Sie sehr Noth haben, so braucht es nicht den Namen „Sensarie"[289], und der Freund wird immer bereit sein, Ihnen zu helfen.

Ich bin hier in eine ganz eigene Welt versetzt worden. Vom Dorfschenken, der ausgedienter Husarenwachtmeister ist und deutsch[,] ungarisch[,] slawisch und italienisch spricht, bis zum großen gelben Haushund Huszár[290] ist mir alles neu und interessant. Mein Zimmer[291] hat einen Lehmboden, dafür aber sitze ich jetzt an einem Schreibtisch, der unter Brüdern 30–40 fl. werth ist. So sind die Landleute! Prachtvolle Möbel in Zimmern, die in der Stadt kein Hund bewohnen würde. Ich würde Ihnen gerne noch mehr schreiben, aber erstens habe ich noch immer Katzenjammer, und dann muß ich noch an Natzi, Lotti, Spiegel[292] und wo möglich Eisenstein[293] schreiben. Überhaupt werde ich in der ersten Woche Massen zu thun haben. Ich soll ja noch meinem Bruder,[294] Dr. Földényi,[295] Scherenberg,[296] Straßmann[297] und einem sichern Tauber, meinem hiesigen Vorgänger, schreiben, und jeder wird möglichst viel zu lesen haben wollen.

Schreiben Sie gleich und viel, Sie wissen, daß man auf dem Dorfe mit Sehnsucht dem Briefboten (hier ein altes Weib) entgegensieht. Ich drücke Ihnen die Hand als Ihr

Max Nordau

---

[288] Es fehlen weitere Ausführungen zu diesem Umstand.

[289] Ein in Österreich gebräuchlicher Ausdruck für die Maklergebühr.

[290] Husar (dt.: Kavallerist), hier der Name des Hundes.

[291] Nach Schulte (*Psychopathologie*, S. 47) soll er kein eigenes Zimmer gehabt haben.

[292] E. L. Spiegl war Mitarbeiter des Organs *Zwischenakt*.

[293] Siehe den Brief vom 11. September 1866.

[294] Eines der vier Halbgeschwister Nordaus aus der ersten Ehe seines Vaters, Gabriel Südfeld.

[295] Siehe Nordaus Brief vom 11. September 1866.

[296] Konnte nicht ermittelt werden.

[297] Vermutlich der Dichter und Journalist Mór (Moritz) Strassmann (1837–1893).

Das erwähnte „Winterlied" lautet:

Ich sitz in dämernder Stube,
Und draußen rieselt der Schnee,
In meinem Herzen drinnen
Da ist mirs gar so weh!

Es deckt die Schneesdecke
Die Erd in ihrer Ruh,
Doch häufet Last auf Lasten
Der Winter noch immer dazu.

Und schwer gewaltges Leiden
Zermalmt mir schier das Herz,
Und drüber wälzt das Schicksal
Noch immer neuen Schmerz!

Aus meinen Augen brechen
Und rieseln die Thränen jäh,
Vor meinem Fenster traurig
Gewinder rieselt der Schnee.

7.

Rákos-Keresztúr, den 6. November 1866.

Liebster Freund Kiss!

Es gab eine Zeit, wo ich mich selbst ausgelacht hätte, wenn ich einen Brief angefangen fürchten würde. Es gibt böse Zeiten und böse Verhängniße! Und doch zwingen mich die Umstände zu diesem Ausspruche! Der Freund, der mir wahlverwandt ist, spricht mich in seinem Leben zum erstenmale um einen bedrückenden Gefallen an, der Zufall wirft, daß der Brief an Natzi gelangt, daß dieser gerade einen Anfall seiner krankhaften Trübsinner hat, daß in Folge dessen zwischen mir und ihm ein arges Mißverständniss entsteht, und ich den Brief, der die Bitte enthält, erst nach erfolgter Aussöhnung, d. h. am 28. v. M., also drei Tage vor Ihrem letzten Briefe erhielt, und zwar zugleich mit dem Briefe eines gewissen Wiesel, den Sie gewiß kennen werden; dieser Wiesel, der früher Erzieher im Fuchs'schen Hause war, schreibt mir, daß Sie in Boross-Jenő[298] angelangt seien; und daß es Ihnen sehr gut gehe;

---

[298] Die Ortschaft Borosjenő (rumänisch *Ineu*, serbisch *Janopol*) liegt in Siebenbürgen, heute Westrumänien, bei Arad.

daraus schloß ich, daß die Bitte, die ohnedies schon drei Wochen alt war, keine Erledigung bedürfe. Nicht wahr, ein merkwürdiges, ein wundervolles Zusammentreffen der Umstände? – Mich zu entschuldigen, war Pflicht, da Sie, wie ich es erwartete, an mich nicht zweifelten; wäre der geringste Zweifel aber in Ihrer Seele erwacht, so würde alle und jede Entschuldigung nichts genützt haben.

Ich lebe nun schon einen Monat auf dem Lande, und habe richtig schon etwa fünf Jahre des unnennbaren Schmerzes gelebt. Vor Allem der Abschied von meiner Schwester, der in mir die Gefühle erregte, die etwa Columbus gehabt haben würde, wenn ihm ein Schiffbruch angesichts der amerikanischen Küste das Betreten des Landes unmöglich gemacht hätte.[299] Dann Natzi! … Ich hatte ihm in einem Briefe gesagt, er solle nicht so tödtlich traurig sein, ich müsse doch ebensoviel leiden, und habe ein Opfer gebracht, und meinen Schmerz doch männlich bewältigt. Daraufhin schreibt er mir einen Brief voll schrecklichster Vorwürfe, ich habe nie gefühlt, ich mache ihm mein gebrachtes Opfer zum Vorwürfe, ich wolle das Verhältniß brechen, nun mal, er werde mich darum doch immer so lieben wie bisher, und er sei nie, am wenigsten von mir verstanden worden. Meine Antwort, die ich gleich nach Empfang des entsetzlichen Briefes schrieb, war Blut, heißes, rauchendes Blut. Ich ließ sie aber zwei Tage liegen, und schrieb dann noch zwei Seiten hinzu, die viel-viel kälter waren. Natzis Antwort darauf ist eine entsetzliche, tödtliche, beißende Ironie – er nennt mich „Geehrten Freund" und schreibt zum Schluß „Um die Fortdauer Ihrer werthen Freundschaft bittend zeichne ich Ihr I. Ph. Weiss! Denken Sie sich ein Todtengesicht zu einer grinsenden Fratze verzerrt! Denken Sie sich eine dünne Eisdecke und darunter, durchscheinend, ein Meer von Blut! Das war die Wirkung dieses kalt sein sollenden Briefes, unter dem man doch einen unermeßlichen Abgrund der Verzweiflung sah. Ich machte ein gefährliches Experiment, ich gebrauchte eine giftige Medizin: Ich antwortete in demselben Tone!! Das wirkte! Natzi fühlte alle süßen Erinnerungen in seinem Herzen erwachen, er bot die Hand, und ich nahm sie mit bittern Thränen an. Um den Freund jedoch ganz zu heilen, fuhr ich auf vier Stunden nach Pest, sprach mit ihm, und brachte Alles ins richtige

---

[299] Seine Beziehung zu Charlotte (Lotti) war sehr eng. Schulte (*Psychopathologie*, S. 50) bezeichnete sie als „die eigentliche Lebensgefährtin von Nordaus Leben", da sie bis zu ihrem Lebensende mit Nordau unter einem Dach wohnte.

Gelicht. Was ich während dieser zehn Tage fühlte, werde ich nicht vergessen, und wenn die Zukuft Ätnas Flammenströme durch mein Herz gießen wird. Ich wurde krank, und kann mich erst jetzt, nach vierzehn Tagen langsam davon erholen. Jetzt weiß ich, wie man in einer Viertelstunde alt wird!

Das hab ich zu tragen! – Józsi ist seit fünf Tagen in Pest, sonst weiß ich nichts; geschrieben hat er mir nichts, und Natzi hat mir auch nicht mehr als die trockene Nachricht mitgetheilt; ob er nach Gomba[300] zurückkehrt, oder was er überhaupt anfangen wird, werden Sie von Nazi erfahren. Ich gebe den Jungen verloren. Weinen Sie! Es ist ein Mensch gestorben!

Die Muse war mir seit ich in Keresztúr bin, noch nicht sehr gewogen; ich habe noch nichts als ein vierstrophiges, wol stimmungsvolles, aber sonst ganz mißlungenes „Winterliedchen" geschrieben. Dafür aber liege ich fleißig dem Studium der Geschichte und der ästhetischen Wissenschaften ob. Schauen Sie, daß Sie endlich auch zum Lernen kommen, und setzen Sie sich endlich mit irgend einem evang. oder ref. Gymnasium wegen der Matura in Verbindung. Hungern Sie, entbehren Sie, nur bringen Sie 200 fl. zusammen! Daß Rákosis[301] Erfolg Sie anregt, freut mich sehr. Sie thun sehr recht, wenn Sie daraus den Schluß ziehen, daß das Verdienst schließlich doch durchdringt, und wenn eine Welt sich entgegenstemmt. Lassen Sie sich von Mißerfolgen nicht abschrecken, die Glückskinder sind selten, die den Weg zur Anerkennung auf weichen Teppichen wandeln. Es geht mir auch nicht besser! Aber darum verzagen? Da müßt` ich mich schämen, eine Feder in die Hand genommen zu haben!

Was mein „Deutschland" betrifft, so weiß ich ebensowenig darüber Bestimmtes als Sie. Es befindet sich in Brüssel bei Juhr,[302] dürfte jedoch wahrscheinlich acceptirt werden. In etwa vierzehn Tagen wird es sich entscheiden.

---

[300] Die Ortschaft Gomba liegt etwa 50 Kilometer von Budapest entfernt.

[301] Jenő Rákosi (geb. Kremsner, 1842–1929) war ein ungarischer Journalist, Schriftsteller, Theaterdirektor und Parlamentsabgeordneter. 1866 wurde sein romantisches Drama *Aesopus* im Ungarischen Nationaltheater mit großem Erfolg aufgeführt.

[302] Es handelt sich um den 1800 gegründeten Juhr Verlag. Vgl. *Allgemeines Adreßbuch für den deutschen Buchhandel, den Antiquar-, Colportage-, Kunst-, Landkarten- und Musikalien-Handel sowie verwandte Geschäftszweige*, Bd. 11, Leipzig 1849, S. 92. Meines Wissens ist in diesem Verlag von Nordau nichts erschienen. In seinen *Erinnerungen* wird weder die Zusendung an Wigand noch an Juhr beschrieben.

Ich sollte Ihnen – mit Recht könnten Sies fordern – Schilderungen Keresztúrs, meines Lebens, meiner Empfindungen und Gefühle geben. In der ersten Woche meines Hierseins hätte ich dies thun können, jetzt nicht, ich habe eine schwere Krankheit überstanden. Wissen Sie nicht, daß man eine Krankenstube nicht betreten darf? Nun denn, mein Inneres ist eine Krankenstube, und ich scheue mich noch, die Thüre zu öffnen.

Ich sehe mit tiefer Trauer, daß unser Briefwechsel so seltener zu werden anfängt. Wir wandeln Beide einen dornenvollen Weg; wie nöthig ist, daß wir uns an der Hand fassen, um nicht zu straucheln! – Damit durch Liegenbleiben an der Post kein unliebsames Versäumniß eintrete, theile ich Ihnen mit, daß die Briefe für Keresztúr jeden Montag, Mittwoch und Freitag Mittag von Steinbruch abgeholt werden. Richten Sie es in Zukunft wo möglich so ein, daß Ihr Brief an einem der genannten Tage in Steinbruch angelangt, dann habe ich ihn noch an demselben Tag. Beantworten Sie dieses mein Schreiben möglich bald, wenn nicht gleich. Ich verspreche auch nicht faul zu sein! – Zu Ihren Eroberungen, Sie kleiner Mann und großer Eroberer, Sie Napoleon der II., wünsche ich Ihnen Glück. Von mir ist dergleichen vor Jahresfrist nicht zu befürchten. Meine zerrüttete Gesundheit macht es mir zur Pflicht der Selbsterhaltung, mich mindestens solange besonders zu schonen.[303]

Wer weiß, wann ich Sie sehen werde! Darüber pflege ich recht lebhaft nachzudenken. So kurz war der schöne Traum des Zusammenseins, und so wenig haben wir dieses benützt! Wer von den Realisten würde es glauben, wer von den Idealisten würde mich nicht verachten, wenn ich sagte, daß Geld unter gewissen Verhältnissen Freundschaft bedeuten könne? Und doch ist dem so! Könnten Sie sich nicht durch Freunschaftsleistungen, Gefälligkeiten, u.s.w. ohne daß es Sie Geld kostete, photographieren lassen, wenn in Boross-Jenő überhaupt ein Photograph existiert? Ich würde so gerne Ihr Porträt besitzen! Es ist eine Schwachheit an dergleichen Äußerlichkeiten mit Sehnen zu denken, aber ich will einmal schwach sein, und der Natur ein Opfer bringen.

Ich drücke Ihnen die Hand so warm, als es mir jetzt ums Herz ist, – es ist so süß, der fernen Theuern zu denken! Laß mich abbrechen...
Ihr

Max Nordau

---

[303] Zu Nordaus gesundheitlichen Problemen siehe die vorangegangenen Briefe.

Das verpfuschte „Winterlied" lautet:[304]

Ich sitz in dämmernder Stube
und <u>draußen</u> rieselt der Schnee;
Doch tief im Herzen <u>drinnen</u>
Da ist mir gar so wehe. –

Es deckt die Schneedecke
Die Erde in ihrer Ruh,
Doch häufet Last auf Lasten
Der Winter noch immer dazu.

Und bittres, bittres Leiden
Zermalmt mir schier das Herz,
Doch wälzt das Schicksal drüber
Noch immer neuen Schmerz.

Aus meinen Augen brechen
Und rieseln die Thränen jäh,
Vor meinem Fenster traurig
Gewinder rieselt der Schnee.

8.

Rákos-Keresztúr, 14. November 1866.

Liebster Freund Kiss!

Ich habe Ihren Brief gestern erhalten und die Zartheit, mit der Sie mein Schreiben gleich beantworteten, nachahmend, will ich auch Ihr Epistel nicht nach dem Horazischen nonum prematur in annos[305] behandeln und Ihnen gleich meine Erwiederung [!] zukommen lassen. Sie sind unglücklich … Das hat noch gefehlt! Es scheint, daß wir Alle ein Kainszeichen[306] an der Stirne tragen, daß wir einen Paß vom Oberschicksale haben, in welchem alle Unterschicksale, in deren Gebiet wir uns etwa begeben, angewiesen werden, uns zu quälen. Ich begrüßte Ihren Postenwechsel als eine willkommene Änderung Ihres Geschickes, und siehe, die Umstände gestalten sich schlimmer für Sie. Materiell geht es mir zwar gut, aber da unser einer nicht

---

[304] Siehe auch im vorangegangenen Brief. Nordau hat den Text leicht geändert.

[305] Nonum prematur in annum (lat.): „Bis ins neunte Jahr werde eine Dichtung zurückgehalten" (aus Horaz: *Ars poetica*). Als Sprichwort übernommener Grundsatz, der das unablässige Feilen eines literarischen Produkts empfiehlt.

[306] Das Kainsmal oder das Kainszeichen ist ein Zeichen, das im Alten Testament dem Brudermörder Kain von Gott gegeben wird.

vom Fressen und Saufen glücklich werden kann, so bin ich auch unglücklich. Vor Allem der Verlust Józsis, der vorige Woche in Pest war, mich als einen Treubrüchigen bei Nazi verläumdete, hierauf zwischen diesem und meiner Schwester einen gewaltigen Streit arrangirte, und mir endlich ein werthvolles Buch stahl, als er sich entfernte. Das hat unser Józsi gethan und noch mehr, was zu schildern zu viel Zeit und Raum in Anspruch nähme. Er ist nun wieder in Zomba und Sie können ihm schreiben, wenn Sie anders Lust dazu haben. – Ferner ist Nazi sehr sehr unglücklich und Sie sind es nicht minder: Grund genug, Kopfhänger zu sein. Eine Last für vier Menschen zu tragen ist nicht leicht, Sie können sich dies denken.[307] Unter solchen Umständen heißt es, beweisen, daß man über den Zufällen erhoben ist. Trösten Sie sich im Besitze Ihres geistigen Reifes, und bedenken Sie, daß irdische Güter vergänglicher Natur sind. Brod zu essen, d. h. den Kothleib zu erhalten, werden Sie wol immer haben, und mehr braucht man von der Welt nicht. Alles Andere gibt der Geist sich selbst. Übrigens schreiben Sie mir ob es für Sie möglich wäre, sich in Boros Jenő Ihrer Verbindlichkeit ledig zu machen...

Ihrem Briefe ist ein Gedicht[308] beigelegt, das mich recht angenehm überrascht hat. Da es Ihre erste Schöpfung nach längerer Zeit ist, so will ich es eingehender beurtheilen und ihm einen größeren Raum widmen. – Sie rühmen dem Gedicht Einheitlichkeit nach, sein größter Fehler ist es, daß es eben diesen einen Guß nicht hat. Die ersten zwei Strofen, die zugleich recht prosaisch sind, gehören zum Gedicht gar nicht. Man sollte meinen Sie wollten sagen: „Ja, wiewol du es mir nicht angesehen hättest, bin ich doch ein Dichter" u.d.gl., und doch beginnt in der dritten Strofe eine ganz andere Stimmung, Sie stellen Schicksalsfragen an das Zimmer, und lassen seine Verwunderung über Ihre Poesie ganz aus dem Spiele. Folgen Sie mir, werfen Sie die ersten zwei Strofen weg, und dichten Sie eine einleitende neue Strofe hinzu, in welcher Sie etwa sagen: „Also wärst du mein vorläufiger Hafen, in das [!] mich mein Schicksal getrieben"; und beginnen Sie Apostrophe[309] an das Zimmer. An Detailfehlern ist die 5. Strofe gesegnet. Sie sprechen vom Paare eines Strohsessels; Stühle haben aber kein Paar. Sie sagen „der Flügel meines

---

[307] Nordau hatte für seine gesamte Familie zu sorgen, denn sein Vater war derzeit arbeitslos, seine Mutter kränkelte, und seine Schwester lebte ebenfalls im selben Haushalt.

[308] Es handelt sich um das Gedicht *A szobámhoz* [An mein Zimmer]; der Titel wird im nächsten Brief angegeben.

[309] dt.: Anrede.

Gedankens fragt": der Gedanke kann fragen, der Flügel nie. Endlich ist in der letzten Zeile das „messze" (kergetém)[310] ganz überflüssig, ja sinnlos. In der letzten Strofe folgern die dritte und vierte Zeile schwerfällig dahin. Endlich leidet das Gedicht im Ganzen an einer sehr schwerfälligen, ungünstigen, fast nicht zu lesenden äußeren Form. Das die Fehler. Nun zu den Schönheiten. Vor Allem durchzieht das Gedicht ein wolthätig warmer Hauch. Schöne Stellen sind der dritten Strofe erste und letzte zwei Zeilen, ganz vorzüglich der vierten Strofe fünfte und sechste Zeile, die ganze sechste Strofe mit herrlicher Pointe und die zweite Hälfte der letzten Strofe. – Zu wünschen wäre, daß die fünfte und sechste Zeile der vierten Strofe logischer lauteten. Wie kann man etwas theilen, was man wünscht? – Im Großen und Ganzen kann das Gedicht einen wolthätigen Eindruck machen, der Schlußgedanke überrascht sogar, und nur manchmal wird man durch triviale Übergänge unangenehm in den poetischen Illusio-nen gestört.

Hier haben Sie mein wolmotivirtes Urtheil über Ihr Gedicht, schreiben Sie doch endlich Ihre Novelle fertig, von der Sie einmal gesprochen, und verlangen Sie von „F. L"[311] nach vier Briefen[312] endlich ein Freiexemplar oder Honorar, und schreiben Sie auch anderen belletristischen Blättern gegen freie Zusendung des Blattes unfrankirte Provinzkorrespondenzen.

Sie glauben, die Einsamkeit mache mich unglücklich … O wie irren Sie! Wenn etwas, so ist es die Einsamkeit, die mich heilen kann, aber der Schmerz meiner Freunde drückt mich zu Boden.

Sie verlangen, meine Umgebung kennen zu lernen. Ich bin in einem sehr reichen Hause, habe mit dem Bruder der Hausfrau ein großes, schönmöblirtes, ganz separat gelegenes Zimmer allein. Ich habe die herrlichste Kost, deren ich mich je erfreute, und trinke den besten Wein tagtäglich. Der Herr, ein für seine Stellung sehr gebildeter Mann, ist nie zu Hause, und hat mich lieb. Die Hausfrau ist eine belesene, sehr angenehme Persönlichkeit, die sogar zu denken vermag – welche Seltenheit! – und Sinn für Poesie besitzt. Mit ihr bringe ich einen Theil der Abende angenehm genug zu. Meiner Schülerinen sind vier; ganz angenehme Kinder, bei denen ich mich recht

---

[310] dt.: Weit gejagt oder getrieben.

[311] Abkürzung für *Fővárosi Lapok*.

[312] Kiss schrieb auch aus Borosjenő Provinzialbriefe, die er weiterhin mit (K–s.) unterzeichnete. *Fővárosi Lapok*, Nr. 252 v. 4. November 1866, S. 1035. Vgl. auch Anm. 192 u. 256.

beliebt zu machen versuche. Außerdem ist noch der Bruder der Hausfrau, ein beurlaubter Militärthierarzt, der sich und seiner Umgebung sehr viel Angelegenheiten macht. Den ganzen Tag kommt er nicht in mein Zimmer, nur Abends um zu schlafen. Dies ist Alles. Viel mehr Menschen spreche ich nicht, Besuche mache und empfange ich nicht, Bekanntschaften knüpfe ich nicht an. An Blättern lese ich nur den „Lloyd",[313] Bücher habe ich genug, theils mitgebrachte, theils hier vorgefundene. Die Umgebung ist für mich sehr neu und schön. Im Sommer wird es hier reizend sein. Zu arbeiten habe ich viel Lust aber bisher noch nicht ebensoviel Zeit, doch glaube ich, Ihnen im nächsten Briefe schon etwas schicken zu können. Mit Pest stehe ich in lebhafter Verbindung, wie ich Ihnen einmal schon gesagt zu haben glaube. Zweimal wöchentlich empfange und schreibe ich Briefe. (Und zwar korrespondire ich so lebhaft mit Nazi und meiner Schwester Lotti.) Einmal war ich auch schon in Pest, jedoch nur von 12-4 Uhr, also auf vier Stunden. Stehen Sie mit Natzi in Korrespondenz? Was äußert er? Was halten Sie von seiner Gemüthsstimmung? Ich schreibe Ihnen drei große Seiten – bleiben Sie auch nicht zurück, und schreiben Sie bald und viel Ihrem ewigen Freunde

Max Nordau

9.

Rákos-Keresztúr, den 25. Jänner 1867.

Liebster Freund!

Ich weiß nicht was ich von Ihrem langen Stillschweigen denken soll, das ich mir gar nicht erklären kann, da es ganz unbegründet ist. Daß Sie meinen letzten, noch im November geschriebenen Brief nicht erhalten haben, kann ich nicht annehmen, da Sie Stellen aus demselben in einem Briefe an Natzi zitirten. Und dennoch haben Sie ihn bis heute, also zwei Monate lang, nicht beantwortet. Habe ich das um Sie verdient? Wahrlich nicht; denn ich bin mir der reinsten Freundschaftsgefühle gegen Sie bewußt. Nun

---

[313] Gemeint ist der *Pester Lloyd*. Das 1854 gegründete deutschsprachige Organ richtete sich an ein (groß)bürgerliches Publikum, galt als führendes Wirtschaftsblatt und zeichnete sich durch eine gediegene und anspruchsvolle Kultursparte aus. Max Falk, der verantwortliche Redakteur des Blattes von 1867 bis 1906, sorgte stets dafür, die besten journalistischen und literarischen Kräfte für das Feuilleton zu gewinnen. 1867 bot er Max Nordau eine feste Anstellung an, die diesem zehn Jahre lang den Lebensunterhalt sicherte.

denn, ich wenigstens will nicht Schuld sein, daß ein Briefwechsel und damit zugleich ein Verhältniß ein gewaltsames Ende nehmen, welche mir seit ihrem Bestehen schon viele wahre Seelenfreude verursacht haben. Sollten Sie mir etwa geantwortet haben, und sollte der Brief, wie dies bei unseren gesegneten postalischen Zuständen leicht denkbar, seine Bestimmung verfehlt haben? Oder wären Sie etwa krank? Dies ist eine Eventualität, die ich am meisten fürchte. Daß Sie mir aus einem unbekannten Grunde zürnen und darum schweigen, halte ich nicht für möglich, da es durchaus kindisch und unmännlich wäre, trotzig zu verstummen, wo man sich durch männliches, offenes Reden Wahrheit schaffen kann. Oder sollten Sie mich vergessen haben …? Ich muß Letzteres annehmen, wenn Sie mich nicht umgehend, und wäre es auch nur in ein Par Zeilen, des Gegentheiles versichern.

Ich bin höchst begierig zu erfahren, wie es Ihnen in Boross-Jenő geht, ob das Lehrjahr, das einen so unheilverheißenden Anlauf genommen, seinen traurigen Auspizien[314] entspricht, oder ob es denn doch besser geht, als wir erwarten durften? Ferner: Wie hat Sie meine Beurtheilung Ihres „Szobámhoz" befriedigt,[315] und waren Sie seither produktiv[?]

Was den letzteren Punkt in Bezug auf mich anbelangt, so habe ich seit meiner letzten Mittheilung vier Gedichte, die ich Alle für sehr gelungen halte, geschrieben, nämlich: „Völkerleichen" (30 vierzeilige Stropfen) „Natur und Mensch" (22 Terzinen) „Auf der Wanderschaft" (2 vierzeilige Strophen) und „Winterbild" (7 Strophen á 2 Zeilen).[316] Dann an Unbedeuten-derem eine „Gelegenheitsode an den König Johann von Sachsen", die an die Spitze einer,

---

[314] dt.: Anzeichen.

[315] Siehe den vorangegangenen Brief.

[316] Von den genannten Titeln konnte bisher nur das Gedicht *Das Winterbild* ermittelt werden, das 1871 in der *Ungarischen Illustrirten Zeitung* erschienen ist: „An hellem Wintertage am Waldessaum / Sich hier den alten, abgestorbenen Baum. // Von Reiskristallen ist er rings umflimmert, / Ein jeder Zweig in Irisfarben schimmert. // Es ist, als prangte er in weißer Blüthe, / Als ob ein neues Leben ihn durchglühte! // Doch sieh – es glänzt der erste Frühlingsstrahl / Und übergoldet Baum und Strauch zumal. // Es schmilzt das Eis vor lauem Frühlingshauch / Und lieblich grün erglänzen Baum und Stauch. // Der arme alte Baum nur stehet nackt, / Und streckt empor die Zweige, starr gezackt. // Vor'm ersten Strahl der Sonne ist verflogen / Der Schein des Lebens, den das Eis gelogen." *Ungarische Illustrirte Zeitung*, Nr. 7 v. 12. Februar 1871, S. 50.

von Spiegl verfassten Broschüre prangen soll,[317] endlich ein humoristisches, in der Manier des blühenden Unsinns geschriebenes Gedicht „Fromme Betrachtung"[,] das in dem Pester Witzblatt „Die Fackel"[318] erschienen ist, und sehr gefallen hat. – An Prosa habe ich ein größeres Feuilleton „Slawische Weihnachtsgebräuche" gemacht, das vom „Lloyd" acceptirt, aber noch nicht erschienen ist.[319] Dann habe ich für Deutsch etwa 30 achtzeilige Strophen á 45[Xr320.], zu Bildern aus der ungarischen Geschichte gehörig, übersetzt, und arbeite jetzt an „Bildern aus der ung. Geschichte", die, eine Jugendschrift, 32 große Quartseiten stark, im Mai erscheinen soll,[321] und für die ich 25 fl. bekomme.[322] Auch für Sie dürfte sich späterhin manche Arbeit, nämlich deutsche Sachen ins Ungarische zu übersetzen, ergeben, für die ich Ihnen recht günstigen Preis verschaffen werde.

Was den Zweck meines Lehrerseins anbelangt, so ist derselbe, wie ich Ihnen froh mittheilen kann, völlig gesichert. Nach Aufwendung der mächtigsten Protektion ist es mir gelungen, vom Superintendenten v. Török[323], die, eigentlich gegen das Gesetz verstoßende, Erlaubniß erhalten, die Prüfung über die letzten drei Klassen und Matura am Pester reformirten Gymnasium ablegen zu dürfen. (Das Gesetz gestattet höchstens Prüfung über zwei Klassen.) Über die Sechste habe ich schon am 1. Dezember mit glänzendem Erfolge Prüfung

---

[317] Die Veröffentlichung konnte nicht ermittelt werden.

[318] *Die Fackel* war ein humoristisches Volksblatt, das von Robert Boldini (1830–1876) in Pest herausgegeben wurde. Die Jahrgänge sind in der Ungarischen Nationalbibliothek (OSZK, Sign. FM 3/2880) jedoch nur sehr lückenhaft voranden, weshalb die Veröffentlichung nicht festgestellt werden konnte.

[319] Unter dem Titel „Slovakische Weihnachtsgebräuche" erschien der Text fast zwei Jahre später im *Pester Lloyd* (Nr. 301 v. 17. Dezember 1868, S. 2–3). Vgl. auch Anm. 45.

[320] Kreuzer.

[321] Der Titel der deutschsprachigen Jugendzeitschrift konnte nicht ermittelt werden. Die erste bedeutende Jugendzeitschrift im ungarischen Pressewesen, *Kis Lapok* [Kleine Blätter], erschien erst 1871 im Verlag der Gebrüder Deutsch und umfasste 16 Quartseiten. Siehe: *A magyar sajtó története* [Die Geschichte des ungarischen Pressewesens], Bd. II/2, 1867–1892, hg. v. Domokos Kosáry und Béla G. Németh, Budapest 1985, S. 243.

[322] Ähnliche Titel erschienen in den nächsten Jahren im Feuilleton des *Pester Lloyd*: *Ein Frauenbild aus der siebenbürgischen Geschichte* (Nr. 230 v. 25. September 1869, S. 2–3), sowie *Ein Frauenbild aus der ungarischen Geschichte* (Nr. 37 v. 16. Februar 1869, S. 2–3).

[323] Pál Török (1808–1883), seit 1860 reformierter Bischof, trug wesentlich zur Wiederbelebung der reformierten Gemeinde in Pest bei.

abgelegt, am 29. Juli folgen die VII., VIII., und die Matura. Der ganze Spaß kostet sammt den dazuschaffenden Büchern blos 70 fl. Nicht wahr, ein Jahr gutes Geschäft?[324]

Nun und Sie? Haben Sie Aussicht, sich etwas zu ersparen? Ich will, wiewol es vielleicht noch nicht an der Zeit ist, Ihnen Mittheilung von einem meiner Lieblingspläne machen, der mich in letzter Zeit sehr lebhaft beschäftigt. Sie wissen, daß ich hier 210 fl. bekomme, welche Summe ich wol auf 220 fl. steigern kann.[325] Das Leben hier ist das angenehmste, die Umgebung die liebenswürdigste, die man sich denken kann. Keresztúr ist zwei Meilen von Pest entfernt, und verkehren zwischen hier und der Hauptstadt zwei Stellwägen, die von hier täglich um 7 Uhr früh wegfahren, um 9 Uhr in Pest sind, um drei Uhr wenden und um ½5, im Sommer später, hier anlangen. Wenn man einen freien Tag hat, z. B. den Samstag, kann man immer nach Pest hineinfahren. Die Hin- und Rückfahrt kosten zusammen 60 kr., so, wenn Sie in K.[326] und ich in Pest wären, könnte der regste Verkehr zwischen uns unterhalten werden: einen Samstag würden Sie mich, den andern würde ich Sie besuchen. Da Sie keine Sensarie zu bezahlen hätten, so blieben Ihnen die 220 fl. ganz, und da Sie hier, wenn Sie nicht mit Gewalt verschwenden, unmöglich mehr als 20 fl. jährlich auf Korrespondenz, Rauchen, nach Pest Reisen und Geschlechtsgenuß ausgeben können, so blieben Ihnen nach Jahresfrist 200 fl. zur anständigen Equipirung[327] und endlichen Erreichung Ihres sehnlichst angestrebten Zieles. – Dieser Plan, wie gesagt, beschäftigt mich lebhaft, und er wird sicher ausgeführt werden, woferne nur Sie, als die Hauptperson, nicht dagegen sind, und zu diesem Letzteren hätten Sie wirklich nicht Ursache. Um meiner Sache ja gewiß zu sein, bereite ich die Leute schon jetzt auf Sie vor, d. h. ich schildere Sie so, daß man Sie achten und lieben muß, lese Ihre Gedichte vor, schildere Sie, u.s.w., ohne ein Wort davon zu sein, daß Sie der künftige Erzieher hier würden. Wenn ich am 1. Oktober weggehe, und Sie als meinen Nachfolger bezeichne, wird man dies noch als ein wahres Glück betrachten müssen. Was meinen Sie zu meiner Idee?

---

[324] Nordau bestand im Spätherbst 1867 die Matura.

[325] Nach der Matura erhielt er als festangestellter Redakteur des *Pester Lloyd* ein Monatsgehalt von 200 Gulden – fast das Zehnfache seines vorherigen Verdienstes als Hauslehrer. Vgl. Nordau, *Erinnerungen*, S. 51.

[326] Abkürzung für Rákoskeresztúr.

[327] dt.: Ausrüstung, Ausstattung.

Und zum Schluße sagen Sie mir auch, ob schon etwas von Ihren Sachen erschienen ist? Wenn es Ihnen Freude macht, so sage ich Ihnen, daß ich Ihren „Springbrunnen",[328] des besseren Verständisses halber in herrliche Jamben übersetzt habe, jedoch nur die erste Hälfte, dann häufte sich die Arbeit und ich mußte es bleiben lassen.

Wenn Sie nicht gleich antworten, wird auf Sie böse zu sein Ursache haben Ihr Freund

Max Nordau

10.

Pest, 16. Jänner 1869.

Liebster Freund!

Heute Vormittags haben wir Ihren sehnlich erwarteten, lieben Brief bekommen. Es ist Samstag Abends; das bedeutet, daß Nazi in der Druckerei ist,[329] und ich allein in meiner Stube sitze. Ich habe jetzt Zeit zu denken, aber, was ich bedeutend seltener kann, auch zu fühlen. Rieselt wieder, Quellen der Erinnerung! Spület weg die Rinde, die sich mir um die Seele gelegt, lasset den Geist sich baden in euch, nackt, kindisch, molig-vergnügt! Ich bin heute sentimental, und geneigt zu „plaudern", was ich von „sprechen" wolunterschieden wissen will. Wenn Sie jetzt hier wären[,] so würden wir uns um unseren köstlichen Ofen setzen, den Tisch näherrücken und einen Thee trinken, der mindestens so gut wäre, als der, den Sie jetzt trinken. Da Sie aber nicht zu mir kommen wollen, so will ich zu Ihnen, denn plaudern muß ich heute durchaus. Draußen schneit es so, als wollte der bisher so sündige Winter mit einemmale seine Schuld abtragen; die Wege sind jetzt glatt und weich, ein Sprung und ich bin bei Ihnen! „Guten Abend, liebster Freund!" Eine Sekunde starren Erstaunens – dann ein Aufschrei „Sind Sie ein Geist?" „Ja, und noch dazu ein freier!" „Isten hozta! Ez ám a vendég!"[330] „Nun gut,

---

[328] Vgl. auch Anm. 230.

[329] Es ist anzunehmen, dass Nordau ihm auch eine Anstellung verschaffte. Einige Jahre später, als 1871/1872 im Deutsch'schen Verlag ein Beiblatt des *Pester Lloyd* erschien – die *Ungarische Illustrirte Zeitung* –, wurden als Redakteure zunächst Max Nordau, anschließend Adolf Silberstein und ab Nr. 40 v. 2. Oktober 1872 Dr. Ign. Phil. Weiß genannt. Siehe: Ujvári, Max Nordaus Tätigkeit, S. 81.

[330] dt.: Herzlich willkommen! Was für ein Gast!

ich bin einmal da, keine Umstände, nehmen wir Platz." Ich schau' mich um – das Gemach ist klein, aber traulich; der Ofen ist plump, aber warm; der Fußboden ist lehmbestrichen, aber man kann wacker auftreten, denn er gehört einem Freunde; die Decke ist niedrig, aber bücken muß man sich doch nicht – Freund, Sie wohnen prächtig. Also sprechen wir; wovon denn? Nur um Gottes Willen nicht von Politik, von Literatur, von Philosophie, von Wissenschaften –, ich bin froh, daß ich die Ölgötzen[331] heute los bin. Tauchen wir wieder in die See der Vergangenheit – Ihr prächtiges Gedicht, das Sie mir geschickt,[332] hat mich so süß erinnert – jaja, heute nichts von der Zukunft, wir wollen ihr nicht ins rätselhafte unbestimmte Auge blicken, denn ich wäre heute recht betrübt, eine Thräne darin zu sehen, zurück, zurück in die Vergangenheit!

Und wir saßen in dem kleinen Stübchen in der Dreitrommelgasse[333]; wir saßen beide auf dem Bette, denn wo hätten wir denn sonst sitzen können, ohne aneinander zu stoßen? Wir schauten einander ins Auge, und die Rede floß mir von den Lippen. Ich war begeistert und begeisternd, ich glaube es. Sie erzählten mir Ihre Vergangenheit, ich schilderte Ihnen Ihre Zukunft. Ich dünkte mich ein Philosoph, ich gab Ihnen Regeln zu leben, zu denken, zu fühlen, zu schaffen. Verzeihen Sie dem jungen Thoren, er wollte ja nicht betrügen, er war doch selbst ein betrogener. Er hatte noch nichts genossen, und hatte leicht zu predigen, Tugend ist Entsagung. Er kannte nicht sich noch Andere, und hatte leicht zu behaupten: denken heißt, wenn man in einem Vers einen metrischen Fehler entdeckt; sein Fühlen war ein Oberflächliches, und er wüßte nicht, daß er auf falscher Fährte war, wenn er den Schaum, den glänzenden Preis, ohne von den Perlen tief unten etwas zu wissen. Er sagte Ihnen, wie man Gestalten bilde, Ideale verkörpere, Dichter sei – der Kurzsichtige! und ahnte nicht, daß er Ihnen einen solchen Rath gab, als hätten Sie gefragt: Wie mache ich Dukaten? Und er hätte Ihnen geantwortet: Kaufen Sie in Wien einen Prägstock – Nein, mein Freund, heute wissen wir dies besser, Gold muß man erst haben, und das will gegeben sein, nur die Sonntagskinder findens auf der Straße!

---

[331] Ölgötze (auch Ölberggötze): Spottbegriff für einen Langweiler.

[332] Das Gedicht ist nicht weiter bekannt.

[333] Bevor die Nordaus in die Tabakgasse 7 [ung. Dohány utca] zogen, wohnte die Familie in der Nähe, in der Dreitrommelgasse [Három dob utca] 4. Vgl. Nordau, *Erinnerungen*, S. 10.

Und wir saßen auf dem Bette und plauderten mit einander über die Freundschaft, die Himmelskönigin, die heilige Braut Sabbat, der man entgegenjubelt „Lecho doidi",[334] in der man Arbeit und Mühsal vergisst, in der einem acht Lichter leuchten, und wenn's sonst noch so dunkel wäre. Und hatten wir genug geredet, da gingen wir hinaus auf die Straße, wie stolz sah ich die Leute an! Ich dachte ja: die Alle zusammen bilden doch nur Eine Welt, und das nur mit mir zusammen; ich aber habe im Kopfe allein eine Welt und im Herzen viele, ungeheuer viele, jede einzelne schöner als diese da! Ich ging in die Redaktion, aß Nachtmahl Brot mit Käse und war glücklich; stand frisch auf, aß Frühstück gar nicht und war zufrieden. Das haben Sie eine Woche angesehen, ich habe es vier Monate lang gelebt.

Da lebt man so mitten drinne in einem wunderschönen Stück Leben, und man merkts gar nicht! Man wandert auf der staubigen Straße dahin, und ohne daß mans sieht, kommt man in einen grünen Wald, die Zweige der Bäume schlingen sich dichter – wer achtet darauf? Da ists auf einmal ein Palast geworden, groß und herrlich, und man wandelt darin, wie im Träume, man spricht eifrig miteinander, nimmt sich gar nicht Zeit auf die Wände zu sehen. Die glänzen und glitzern, auf die Decke, die strahlt von funkelnden Edelsteinen, und wenn der Glanz nicht ins Herz fiele, man glaubte gar nicht an ihn. Man geht aber ruhig weiter, gleicher eilenden Schrittes, man bleibt nicht stehen, man sitzt nicht nieder. Da auf einmal sieht man ein Thor, ein Moment, und man ist hindurchgeschritten, es wird kalt und alltäglich, man erschrickt, sieht um sich – aber das Schloß ist verschwunden, das Märchen ist aus, man steht wieder auf der Landstraße, staubig und müde, und geht verdrossen weiter. Das Schloß ist versunken und bleibt versunken, und nur wenn man das rechte Wort ausspricht zur rechten Zeit, da hebt sichs empor, schön und freudig, und man kann hineinschauen in die Pracht durch die bunten Fenster, aber hineingehen kann man nicht! Und als man drinne war, da hatte mans gar nicht geachtet!

Was will man haben? Wir werden noch Paläste treffen; wir werden hineingehen und uns gütlich thun; wir sind staubig, der Staub wird abgewaschen werden; wir sind müde, wir werden die müden Glieder ins hohe Gras legen, und die Sonne wird über uns scheinen, und die Blume über uns nicken, und

---

[334] Lecha Dodi (hebr. *Komm, mein Freund*) sind die Anfangsworte einer Hymne, die zur Begrüßung des Sabbats gesungen wird.

die Bienen über uns summen, und der Bach wird neben uns fließen, erst in die Donau, dann ins Schwarze Meer, und dann ins Mittelmeer, und dann ins Atlantische Meer, dann hinüber nach Amerika, wo die Menschen frei sind, und fromm sind, und die Indianer tödten, die Neger schinden, Gott verehren und Geld verdienen; das werden wir vielleicht träumen im hohen Gras, da wird auf einmal der Wind sich erheben, und die Blume wegblasen, und die Biene wegblasen, und den Traum wegblasen, und den Schlaf wegblasen … Was will man haben? Man ist doch immer unzufrieden. Ist man selbst glücklich, ärgerts einen, daß die Indianer getödtet werden und die Lappländer Ihren saufen; und würden die Indianer ewig leben, und die Lappländer lebten in Italien und äßen Homarzungen und tränken Limonade dazu, und es wäre absolut kein Unglücklicher auf Erden, und man hätte nichts, worüber man sich ärgern soll, so würde man sich darüber betrüben, daß das Glück möglicherweise nicht ewig dauern wird, und daß man in der Gegenwart nicht auch zugleich alles, alles Glück der Vergangenheit genießen kann.

Ich fange mir jetzt an klar zu werden, bin es aber noch nicht ganz: denn in mir ist noch ein Streit über die Frage: Was ist größer: die absolute Nichtigkeit alles Bestehende zu erkennen, und aufhören, in lächerlichem Eigendünkel zu streben, – oder trotzdem, daß man weiß, wie Alles – Nichts ist, dennoch die Selbstverleugnung haben, und weiter in dem gewohnten Gleise zu wandeln und weiter zu streben? Wenn ich darüber ins Klare komme, werde ich nicht ermangeln, Sie zu benachrichtigen, und Sie können mir ebenso gut „Maseltow"[335] schreiben, als hätte ich Ihnen berichtet: „Ich habe a Jingel[336] gehabt, und es heißt Benjamin."[337]

Aber glauben Sie nicht, daß ich Weltverachter bin und vezweifle; ich glaube an meine Zukunft, ich glaube, daß ich glücklich sein werde, und noch eine Anzahl Menschen im Glücke befestigen werde. Auch Sie stehen in einem

---

[335] Abgeleitet von masol tov (hebr. „zum guten Glück", ursprünglich aus dem Jiddischen), bezeichnet es das Glück, aus einer prekären Situation herauszukommen, und wird auch als Ausdruck verwendet, um jemandem Glück zu wünschen: „Gut Glück".

[336] Jingel: Vor allem im Westjiddischen häufig gebrauchte Bezeichnung für einen Jungen. Vgl. Marek Nekula: *Franz Kafka and his Prague Contexts: Studies on Language and Literature*, Prag 2016, S. 91.

[337] Benjamin ist nach dem Alten Testament der jüngste Sohn von Jakob und seiner Lieblingsfrau Rahel. Der Name bedeutet „Sohn des Südens", „Sohn der rechten Seite", „der besonders Geehrte" oder „der geliebte Sohn".

Verhältnisse zu meiner Zukunft, natürlich! Ich kann Sie nicht bedauern, denn Sie sind jetzt glücklich; ich bedaure nur, daß ich jetzt nicht zwei Tage bei Ihnen sein kann. Jetzt wäre Ihre Seele ein fruchtbarer Boden für das Korn der Erkenntniß! … Nun, jetzt haben wir geplaudert! Kennen Sie nicht die Anekdote von der Staël?[338] Zu ihr kam ein junger Mann, und überreichte eine Karte. Sie hieß ihn zu setzen, und sprach zwei Stunden ohne Aufhören von tausend Dingen, er hörte aufmerksam zu, verbeugte sich endlich und ging. Nachmittag fragte man sie, was sie von dem jungen Mann halte? Ach, charmant habe ich mich mit ihm unterhalten, er ist ebenso geistreich als liebenswürdig! sagte sie. Der junge Mann aber war taubstumm.

Antworten Sie sehr bald, und ich will nächstens Vernünftigeres schreiben, und Ihnen besonders manche Bemerkungen auf Ihren heutigen Brief mittheilen. Dann werde ich auch von Materiellem reden, heute will ichs nicht. Ihren Gedichten sehe ich entgegen. Nazi hat Montag sein Diplom[339] erhalten. Schlafen Sie wol!

Ich drücke Ihnen die Hand und bin Ihr Freund

Max Nordau

---

[338] Anne Louise Germaine de Staël-Holstein, geborene Necker, bekannt als die französische Schriftstellerin Madame de Staël (1766–1817).

[339] An der Pester Universität.

Abbildungen

Lieber Freund! Pest, 18. Juli 66.

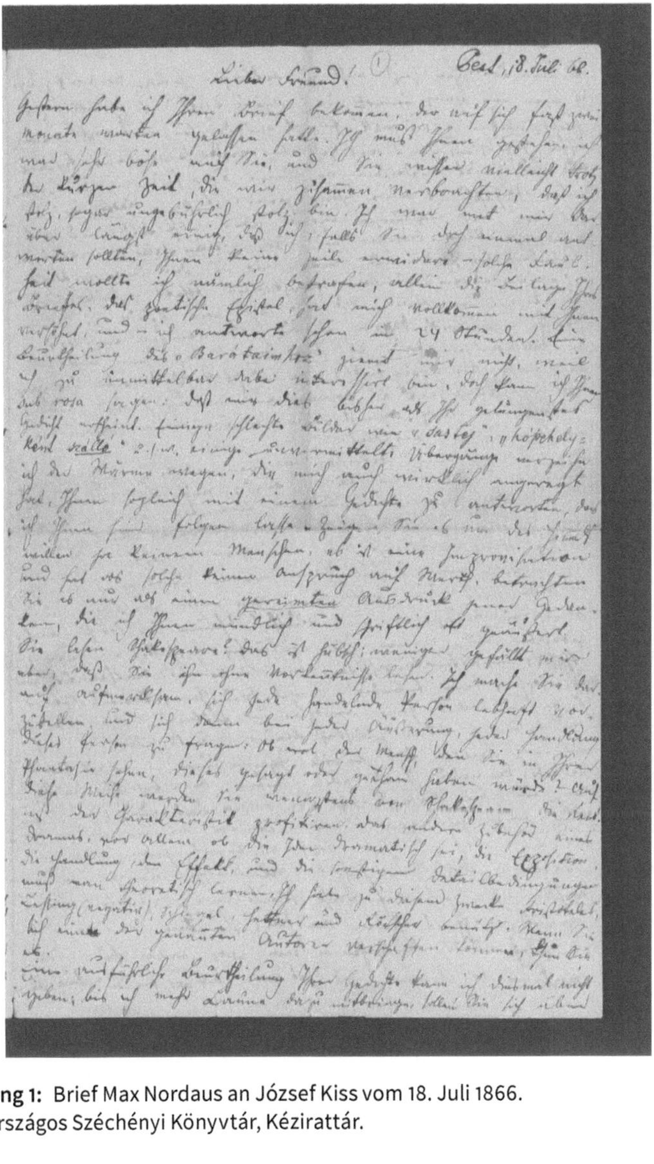

Abbildung 1: Brief Max Nordaus an József Kiss vom 18. Juli 1866.
Fund: Országos Széchényi Könyvtár, Kézirattár.

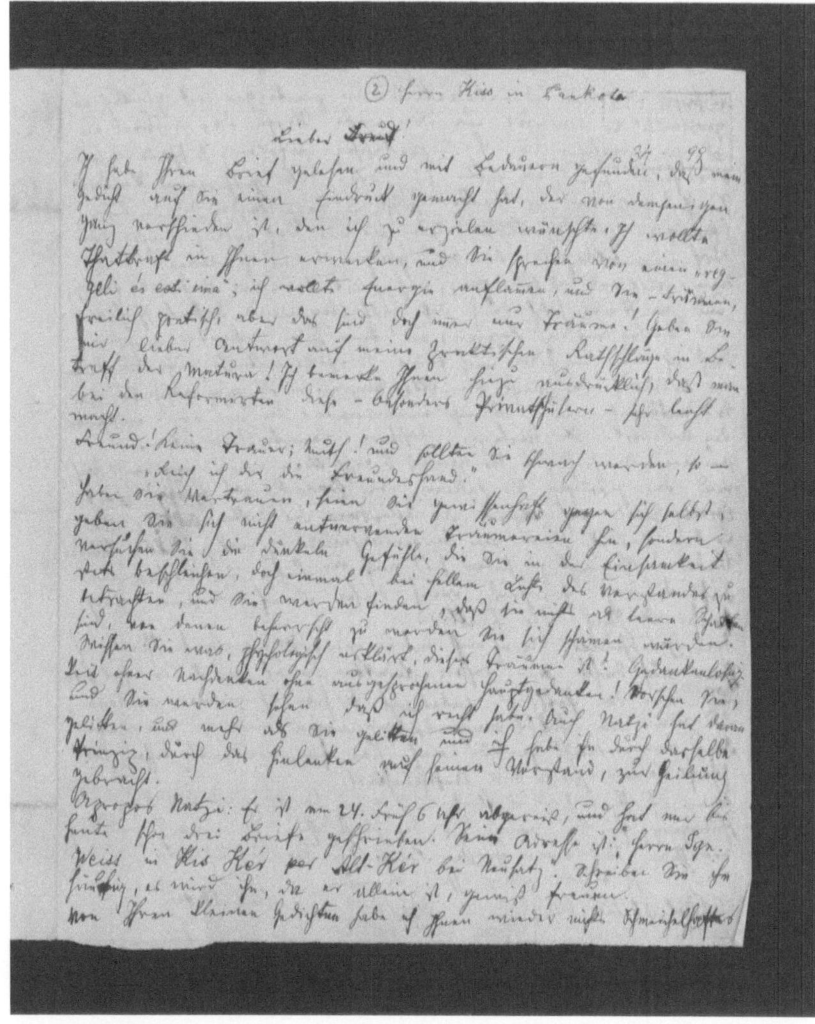

Abbildung 2: Brief Max Nordaus an József Kiss vom 31. Juli 1866.
Fund: Országos Széchényi Könyvtár, Kézirattár.

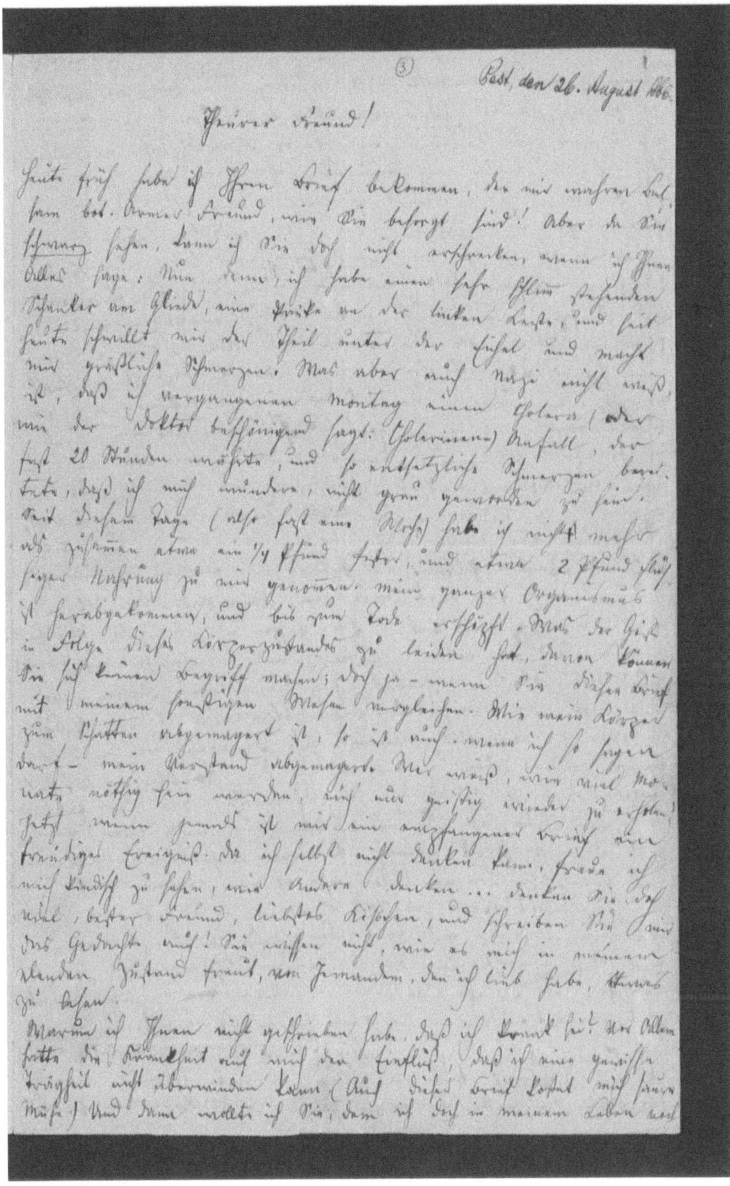

Abbildung 3: Brief Max Nordaus an József Kiss vom 26. August 1866.
Fund: Országos Széchényi Könyvtár, Kézirattár.

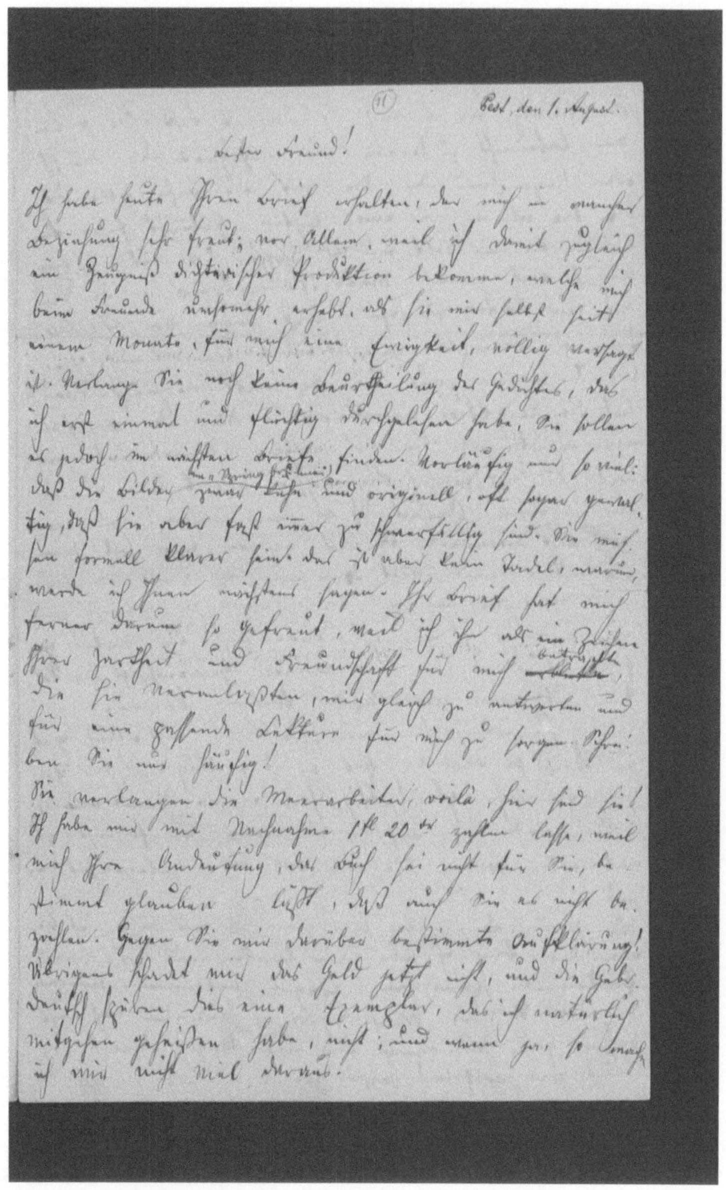

Abbildung 4: Brief Max Nordaus an József Kiss vom 01. September 1866.
Fund: Országos Széchényi Könyvtár, Kézirattár.

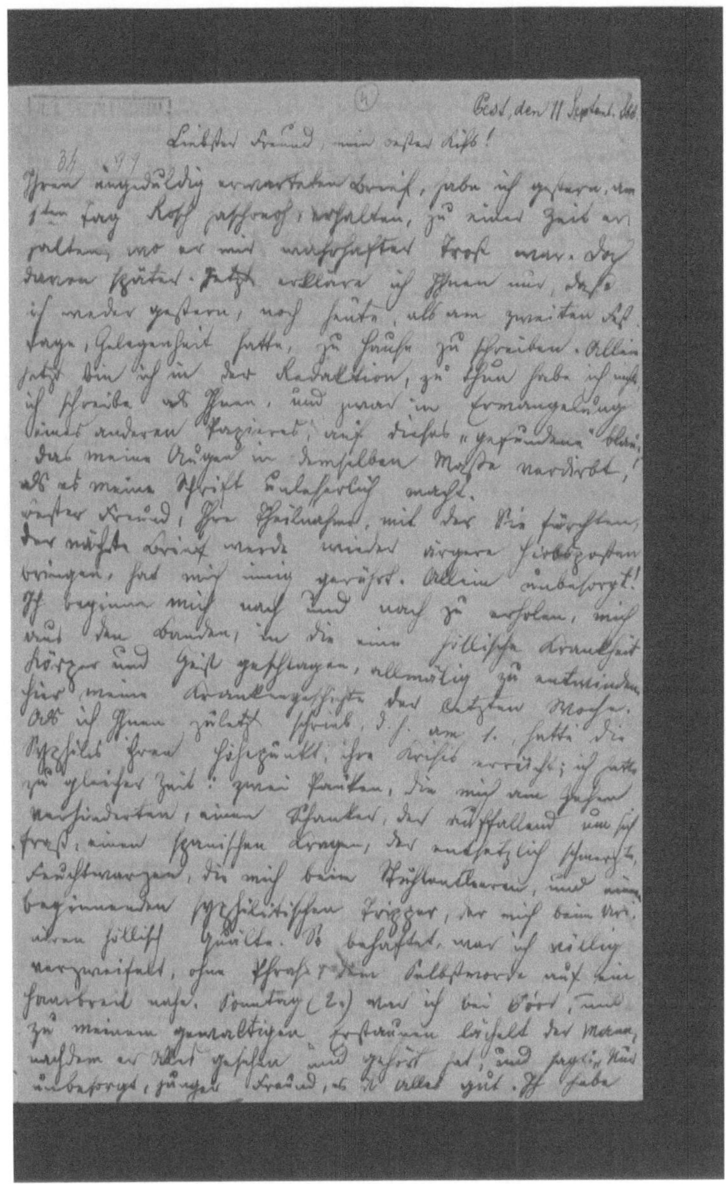

Abbildung 5: Brief Max Nordaus an József Kiss vom 11. September 1866.
Fund: Országos Széchényi Könyvtár, Kézirattár.

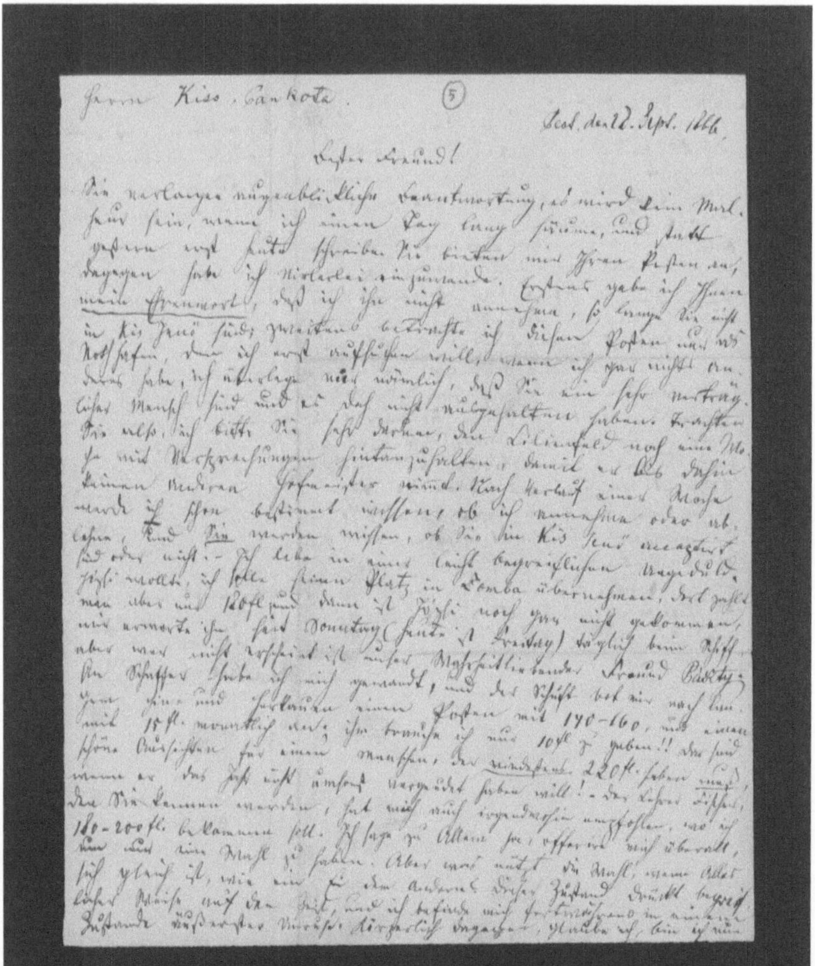

Abbildung 6: Brief Max Nordaus an József Kiss vom 28. September 1866.
Fund: Országos Széchényi Könyvtár, Kézirattár.

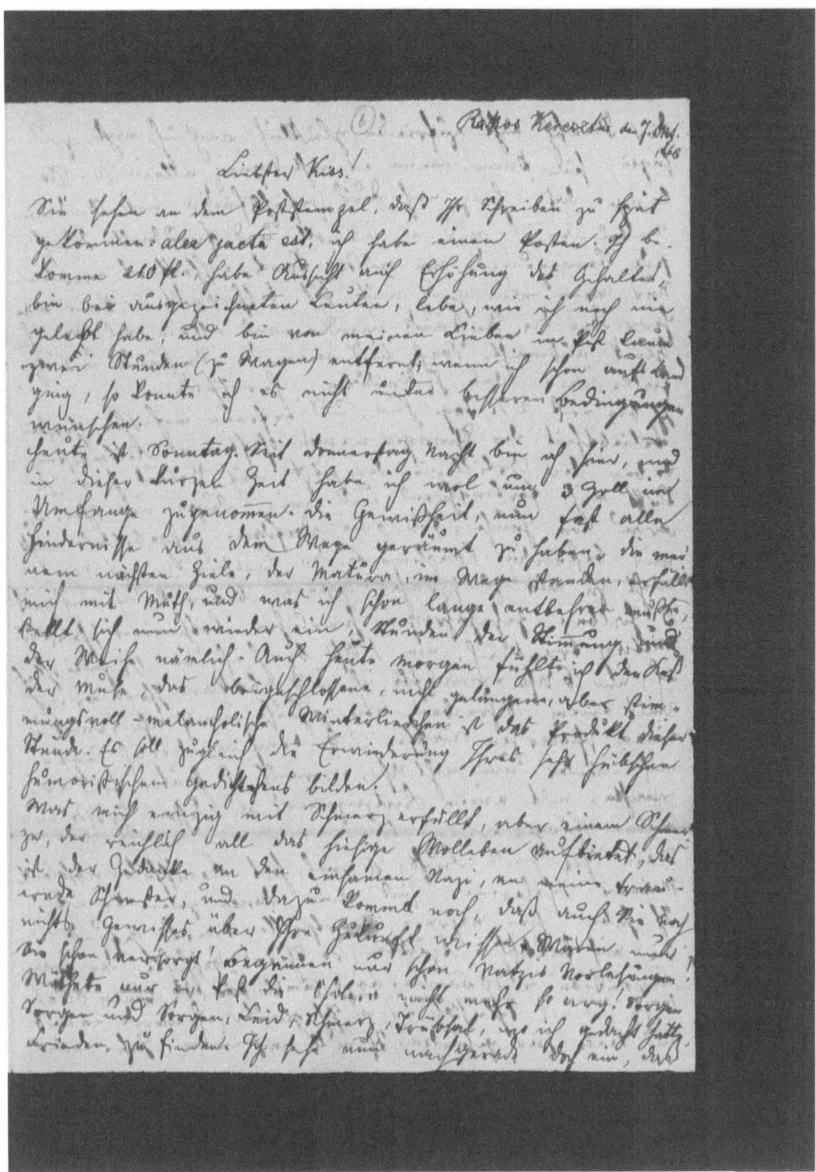

Abbildung 7: Brief Max Nordaus an József Kiss vom 07. Oktober 1866.
Fund: Országos Széchényi Könyvtár, Kézirattár.

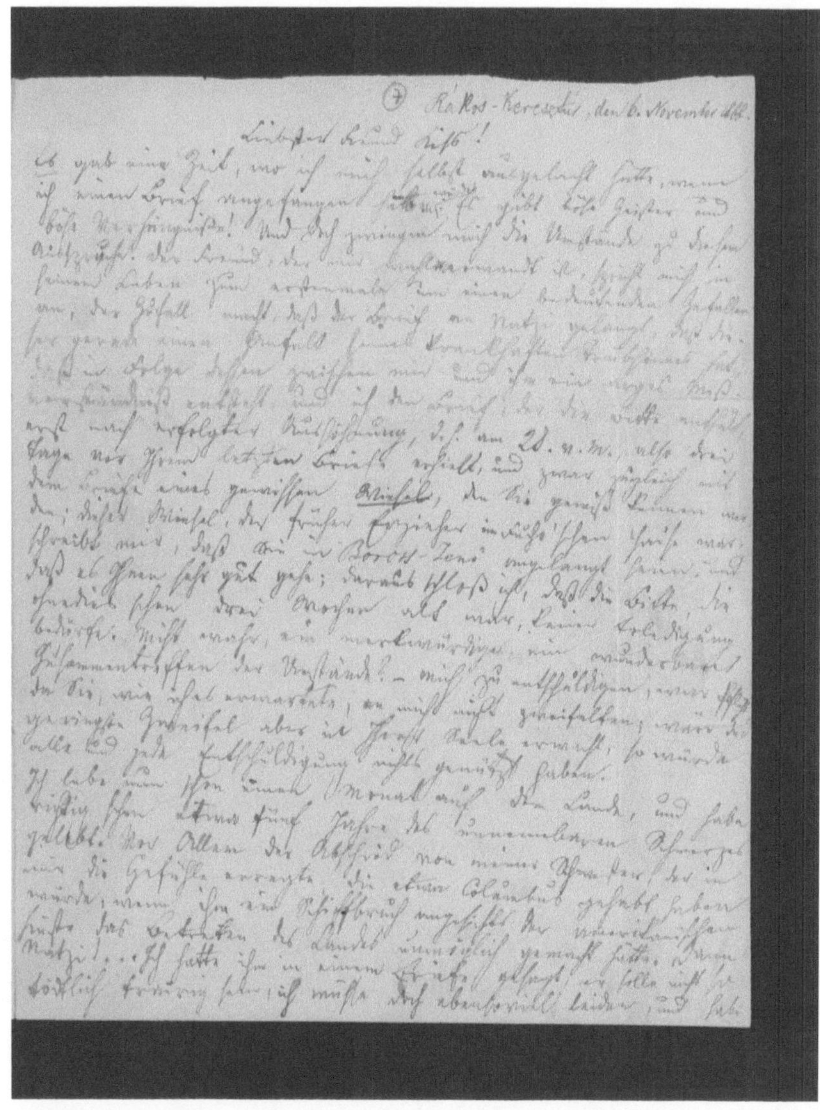

Abbildung 8: Brief Max Nordaus an József Kiss vom 06. November 1866.
Fund: Országos Széchényi Könyvtár, Kézirattár.

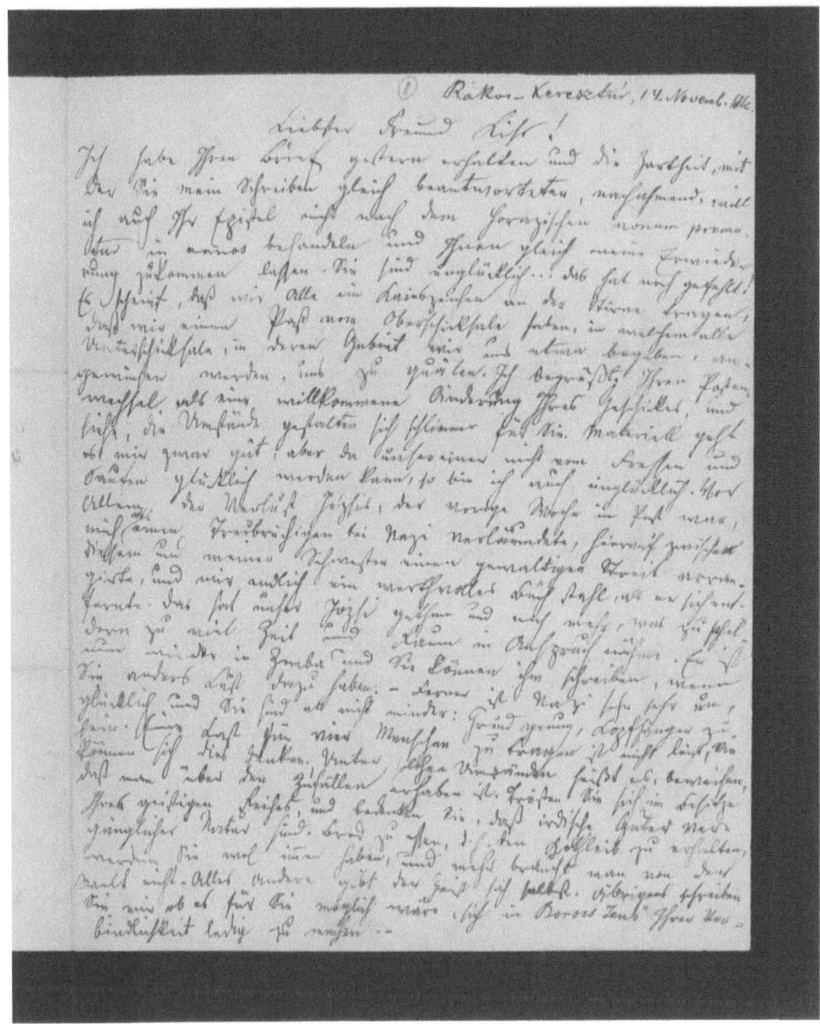

Abbildung 9: Brief Max Nordaus an József Kiss vom 14. November 1866.
Fund: Országos Széchényi Könyvtár, Kézirattár.

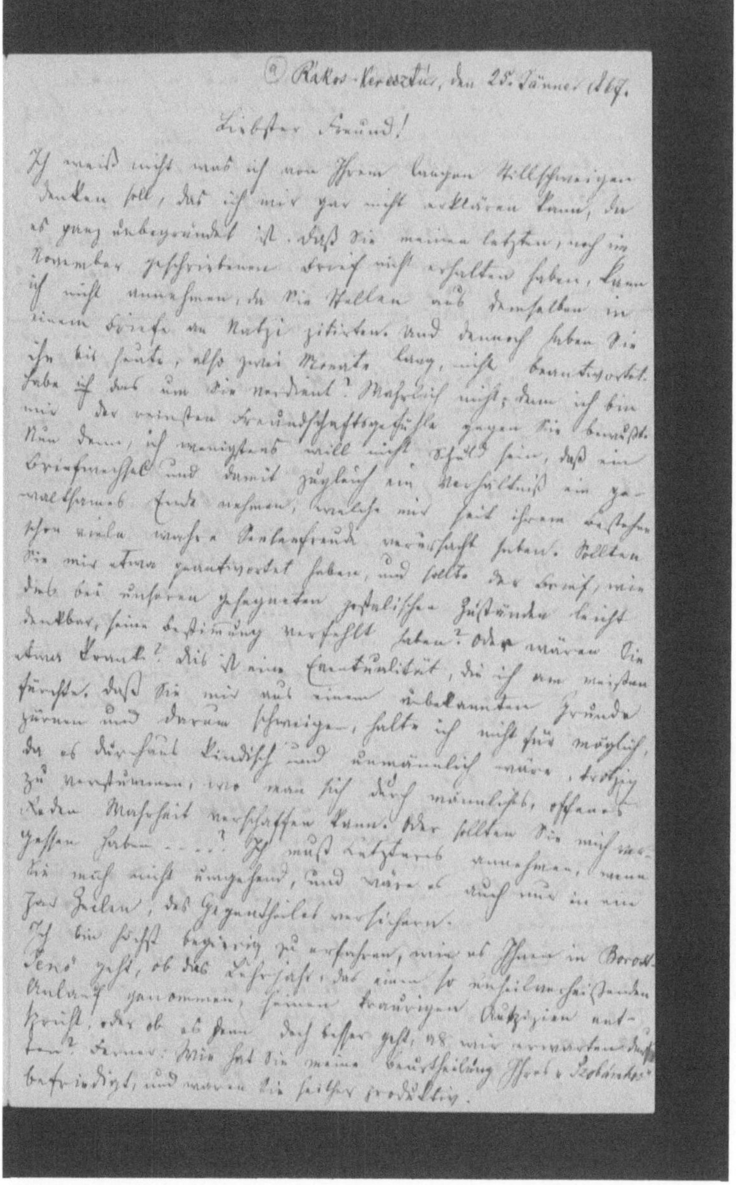

Rákos-Keresztúr, den 25. Jänner 1867.

Liebster Freund!

Abbildung 10: Brief Max Nordaus an József Kiss vom 25. Januar 1867.
Fund: Országos Széchényi Könyvtár, Kézirattár.

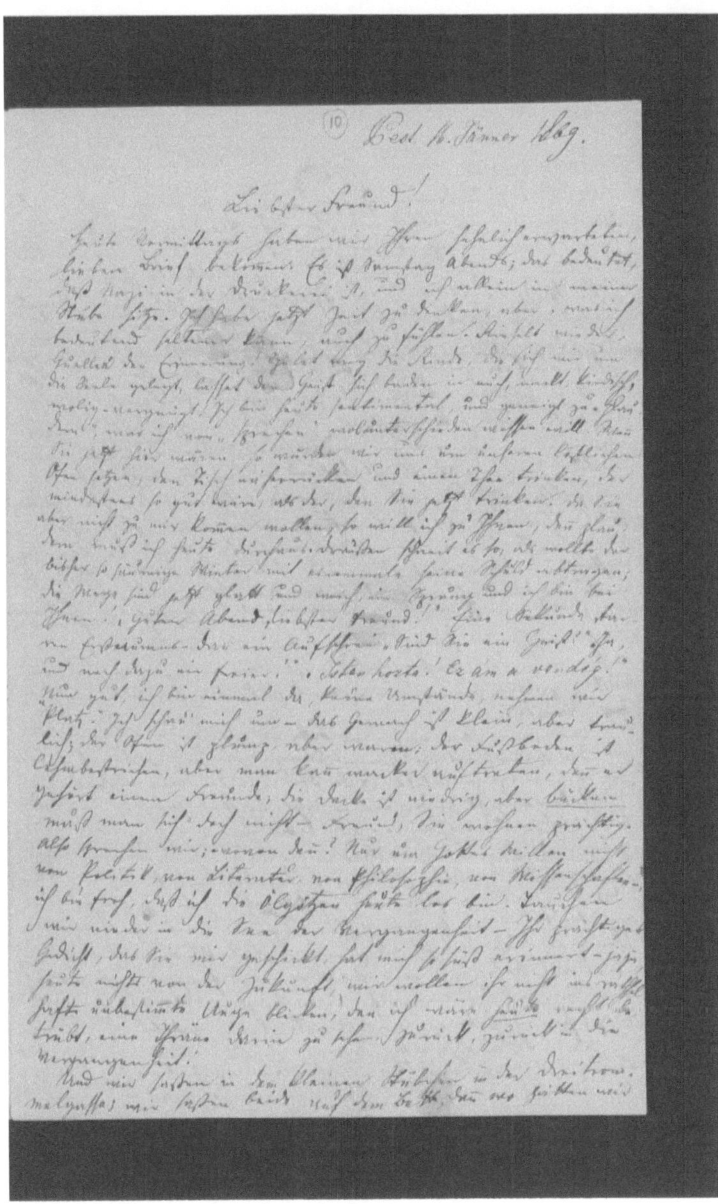

Abbildung 11: Brief Max Nordaus an József Kiss vom 16. Januar 1869.
Fund: Országos Széchényi Könyvtár, Kézirattár.

Literaturverzeichnis

Primärliteratur

Gedichte von Josef Kiss. Aus dem Ungarischen von Ladislaus Neugebauer. Leipzig 1887.

Josef Kiss' Gedichte. 1868–1881. Deutsch von Dr. Josef Steinbach. Wien 1886.

Kiss József költeményei. Zweite, verm. Aufl. Budapest 1882.

Kiss József összegyűjtött versei [Gesammelte Gedichte]. Hg. v. Mária Hegedős. Budapest 2001.

Kiss, József: *Ünnepnapok* [Feiertage]. Budapest 1889.

Kiss, József: *Zsidó dalok* [Jüdische Lieder]. Pest 1868.

Online Nachschlagewerke

Szinnyei, József: *Magyar írók élete és munkái.* I–XIV. [Das Leben und Werk ungarischer Schriftsteller. Bd. I–XIV.] Budapest 1891–1914. https://mek. oszk.hu/03600/03630/html/index.htm[340]

Ujvári, Péter: *Magyar zsidó lexikon* [Ungarisches Jüdisches Lexikon]. Budapest 1929. https://mek.oszk.hu/04000/04093/pdf/ https://adt. arcanum.com/hu/view/Lexikon_MagyarZsidoLexikon/?pg=0&layout=s

Wurzbach, Constant: Biographisches Lexikon des Kaiserthums Oesterreich, 1856–1891 https://austria-forum.org/web-books/kategorie/ lexika/wurzbach-lexikon

---

[340] Letzter Abruf aller online zugänglichen Quellen: 30. November 2025.

Sekundärliteratur

Ács, Gábor: Adalékok Kiss József pályakezdésének vitatott kérdéseihez. In: István Bicskey u. László Imre (Hg.): *Értékek kontextusa és kontextusok értéke 19. századi irodalmunkban* [Der Kontext von Werten und der Wert der Kontexte in der ungarischen Literatur des 19. Jahrhunderts] (= Studia Litteraria Tomus XXXVIII). Debrecen 2000. S. 143–156. https://dea.lib.unideb.hu/server/api/core/bitstreams/ fa8c3433-ca13-4dce-8385-7a7a351c6478/content

—: Nemzetfelfogás és magyarságkép Kiss József költészetében [Nationale Wahrnehmung und Ungarbild in der Dichtung von József Kiss]. In: Péter Bényei u. Mónika Gönczy (Hg.): *Nemzet – identitás – irodalom. A nemzetfogalom változatai és a közösségi identifikáció a régi és a klasszikus magyar irodalomban* [Nation – Identität – Literatur. Varianten der nationalen Wahrnehmung und die Gemeinschaftsidentifikation in der älteren und klassischen ungarischen Literatur]. Debrecen 2005. S. 485–516. file:///C:/Users/Hedvig/Documents/CSK035%20(1).pdf

—: Kiss József irodalmi indulása [Der literarische Anfang von József Kiss]. *Budapesti Negyed* 60 (2008) 2. Red. v. Hedvig Ujvári. S. 225–241. https://library.hungaricana.hu/hu/view/BFLV_bn_60_16_2008_2/?pg= 2&layout=s

Adress-Kalender von Pest, Ofen und Alt-Ofen für das Jahr 1867. Pest 1866.

Allgemeines Adreßbuch für den deutschen Buchhandel, den Antiquar-, Colportage-, Kunst-, Landkarten- und Musikalien-Handel sowie verwandte Geschäftszweige. Bd. 11. Leipzig 1849.

Az Országos Magyar Zsidó Múzeum levéltárából Kiss József bizonyítványa tanítói működéséről [Das Zeugnis von József Kiss über seine Lehrtätigkeit im Archiv des Ungarischen Jüdischen Landesmuseums]. *Libanon* 8 (1943)1. S. 26. http://real-j.mtak.hu/9752/1/MTA_ Libanon_1943.pdf

Csiky, Gergely: Kiss József költeményei [Die Gedichte von József Kiss]. *Temesi Lapok* v. 8. Juni 1876, S. 1.

Eder, Franz X.: Sexual Cultures in Germany and Austria, 1700–1945. In: Franz X. Eder – Lesley Hall – Gert Hekma (eds.): *Sexual Cultures in Europe. National Histories.* Manchester & New York 1999. S. 138–172.

Falk, Max et al.: *Gedenkbuch zur Eröffnungsfeier des ungarischen Akademie-Palastes.* Sämmtliche Artikel von Max Nordau ins Deutsche übersetzt. Pest 1865.

Fischer, Jens Malte: Dekadenz und Entartung. Max Nordau als Kritiker des Fin de siècle. In: Roger Bauer (Hg.): *Fin de siècle* (= Studien zur Philosophie und Literatur des 19. Jahrhunderts, Bd. 35). Frankfurt a. M. 1997. S. 93–111.

Gerő, András: Zsidó utak – magyar keretek a XIX. században. Liberálisok, antiszemiták és zsidók a modern Magyarország születésekor [Jüdische Wege – Ungarische Rahmenbedingungen im 19. Jahrhundert. Liberale, Antisemiten und Juden bei der Geburt des modernen Ungarn]. In: László Varga (Hg.): *Zsidóság a dualizmus kori Magyarországon. Siker és válság* [Judentum in Ungarn der dualistischen Ära. Erfolg und Krise]. Budapest 2005. S. 58–72.

Glatz, Károly: *Kiss József. Irodalmi tanulmány* [József Kiss. Literarische Studie]. Budapest 1904.

Gracza, Lajos: Kiss József német nyelvű autográf önéletírása [Die deutschsprachige autografische Selbstbiografie des József Kiss]. *Irodalomtörténeti Közlemények* 122 (2018)6. S. 803–808. https://epa.oszk. hu/00000/00001/00456/pdf/EPA00001_ItK_2018_6_803-808.pdf

Grünwald, Miksa: *Zsidó biedermeier* [Jüdisches Biedermeier] (= Minerva-Könyvtár, 112). Budapest 1937. https://mtda.hu/books/grunwald_miksa_zsido_biedermeier.pdf

Gyulai, Pál: Mese a varrógépről [Das Lied über die Nähmaschine]. In: ders.: *Bírálatok 1861–1903* [Kritiken]. Budapest 1911. S. 289–294. https://mek.oszk.hu/07200/07299/07299.pdf

H. S.: Kiss József imádságos könyve [Das Gebetbuch von József Kiss]. *Egyenlőség*, Nr. 51 v. 25. Dezember 1887, S. 1. https://www.nli.org. il/en/newspapers/?a=d&d=cgy18871225-01.1.18&e=-------en20--1--img-txIN%7ctxTI-------------1

Jancsó, Katalin: Székely kincskeresők [Sekler Schatzsucher]. *Székely Kalendárium 2015* [Sekler Kalender 2015]. S. 230–232. https://docplayer. hu/14954412-Szekely-kalendariumhusvetikiadas2015.html

Kaiser, Gerhard R.: „Vulkan", „Feerie", „Lusthaus". Zur deutschen Berichterstattung aus Paris zwischen 1848 und 1884. In: Conrad Wiedemann (Hg.): *Rom–Paris–London. Erfahrung und Selbsterfahrung*

deutscher Schriftsteller und Künstler in den fremden Metropolen
(= Germanistische-Symposien-Berichtsbände, 8). Stuttgart 1988.
S. 479–511.

KARDOS, László: Kiss József. *Libanon* 8 (1943) 1. S. 1–4. http://realj.mtak.
hu/9752/1/MTA_Libanon_1943.pdf

Kiss József és kerek asztala. A költő prózai írásai és kortársainak visszaemlékezései [József Kiss und sein Rundtisch. Die Prosaschriften des Dichters und
die Erinnerungen seiner Zeitgenossen]. Budapest 1934.

KOHUT, Adolf: Max Nordau als Erzieher. Zu seinem sechzigsten
Geburtstag. *Pester Lloyd*, Nr. 178 v. 29. Juli 1909, S. 1–4. https://anno.onb.
ac.at/cgi-content/anno?aid=pel&datum=19090729&seite=1&zoom=33

KOMLÓS, Aladár: *Magyar–zsidó szellemtörténet a reformkortól a holocaustig*
[Ungarisch-jüdische Geistesgeschichte vom Vormärz bis zum
Holocaust]. Bd. I–II. Budapest 1997.

KOSÁRY, Domokos u. NÉMETH, G. Béla: *A magyar sajtó története* [Die
Geschichte des ungarischen Pressewesens]. Bd. II/2. 1867–1892.
Budapest 1985. https://mek.oszk.hu/04700/04727/html/391.html

NÁDUDVARI, Tibor Győry: *Az orvostudományi kar története* [Die Geschichte
der medizinischen Fakultät] 1770–1935. Budapest 1936.

NORDAU, Anna und Max: *Erinnerungen. Erzählt von ihm selbst und von der
Gefährtin seines Lebens*. Leipzig, Wien 1928.

NORDAU, Max [Ein Deutsch-Ungar]: Die Deutschen in Ungarn.
Gartenlaube, 1880, Heft 25, S. 403–407. https://de.wikisource.org/wiki/
Die_Deutschen_in_Ungarn

– ders.: Ungarische Lyrik im deutschen Gewande. *Pester Lloyd*,
Nr. 85 v. 9. April 1914, S. 1–3. https://anno.onb.ac.at/cgi-content/
anno?aid=pel&datum=19140409&seite=1&zoom=33

Nyílt levelek a szerkesztőhöz [Offene Briefe an den Redakteur]. I–II.
Budapesti Szemle 54 (1888) 136. S. 153–160. http://real-j.mtak.hu/2335/

RÁKOSI, Jenő: Könyvészet. Zsidó dalok. [Bücherkunde. Jüdische Lieder.]
Pesti Napló, Nr. 50 v. 27. November 1868 (Abendblatt), S. 2.

RÉVÉSZ, Béla: *Max Nordau élete* [Das Leben von Max Nordau]. Budapest
1941.

rt.: Kiss József költeményei. Harmadik bővített kiadás [Die Gedichte von József Kiss. Dritte erweiterte Auflage]. Budapest 1882. *Budapesti Szemle* 35 (1883) 79. S. 147–156. http://real-j.mtak.hu/2314/

RUBINYI, Mózes: *Kiss József élete és munkássága* [Leben und Werk von József Kiss]. Budapest 1926.

SÁNDOR, László: Kiss József Fincziczky Mihályhoz intézett levelei [Die Briefe von József Kiss an Mihály Fincziczky]. *Irodalomtörténeti Közlemények* 64 (1960) 4. S. 488–493. https://epa.oszk.hu/00000/ 00001/00214/pdf/itkEPA00001_1960_04_483-493.pdf

SCHEIBER, Sándor u. ZSOLDOS, Jenő: *Ó mért oly későn. Levelek Kiss József életrajzához* [Warum so spät. Briefe zur Biografie von József Kiss]. Budapest 1972.

SCHULTE, Christoph: *Psychopathologie des Fin de siècle. Der Kulturkritiker, Arzt und Zionist Max Nordau.* Frankfurt a. M. 1997.

SÍK, Sándor: Kiss József. *A Kisfaludy-Társaság Évlapjai. Új folyam.* Bd. 56. Budapest 1924. S. 73–77. https://adt.arcanum.com/hu/view/ KisfaludyTarsasagEvlapjai_19231924/?pg=77&layout=s&query=s% C3%ADk+s%C3%A1ndor

—: Verselésünk legújabb fejlődése [Die jüngste Entwicklung unserer Dichtung]. *Irodalomtörténet* 7 (1918) 3–4. S. 135–154. https://epa.oszk. hu/02500/02518/00040/pdf/EPA02518_irodalomtortenet_1918_03-04_ 135-154.pdf

SILBERSTEIN, Adolf: Zwei ungarische Lyriker. *Pester Lloyd*, Nr. 357 v. 28. Dezember 1881, Beilage. https://adt.arcanum.com/hu/view/ PesterLloyd_1881_12/?pg=210&layout=s

—: „Gedichte von Josef Kiss". *Pester Lloyd*, Nr. 349 v. 18. Dezember 1886, 1. Beilage. https://adt.arcanum.com/hu/view/PesterLloyd_1886_12/?pg= 164&layout=s

—: Josef Kiss': „Feiertage". *Pester Lloyd*, Nr. 232 v. 22. August 1888, Beilage. https://adt.arcanum.com/hu/view/PesterLloyd_1888_08/?pg=140&layout=s

—: Josef Kiss' neuere Gedichte. *Pester Lloyd*, Nr. 8 v. 8. Januar 1891, Beilage. https://anno.onb.ac.at/cgi-content/anno?aid=pel&datum=18910108& zoom=33

SŐTÉR, István (Hg.): *A magyar irodalom története 1849-től 1905-ig* [Die Geschichte der ungarischen Literatur von 1849 bis 1905]. Budapest 1965. S. 674–680. https://mek.oszk.hu/02200/02228/html/04/index.html

SZÁSZ, Károly: Kiss József költeményei [Die Gedichte von József Kiss]. 1868–1881. *Budapesti Szemle* 29 (1882)62, S. 318–331. http://real-j.mtak. hu/2308/

UJVÁRI, Hedvig: Max Nordaus journalistische Tätigkeit für die Ungarische Illustrirte Zeitung. *Zeitschrift für Religions- und Geistesgeschichte* 58 (2006)1. S. 67–72. https://www.jstor.org/stable/23898799

—: Petőfi-Gedichte in Ignaz Schnitzers Übertragung. 18. April 2006. https://www.kakanien-revisited.at/mat/HUjvari1.pdf.

—: *Dekadenzkritik aus der „Provizstadt". Max Nordaus Pester Publizistik.* Budapest 2007.

—: *Zwischen Bazar und Weltpolitik. Die Wiener Weltausstellung 1873 in Feuilletons von Max Nordau im Pester Lloyd.* Berlin 2011.

—: Asszimiláció, nyelv és identitás problematikája a fiatal Max Nordaunál és Herzl Tivadarnál [Die Problematik der Assimilation, Sprache und Identität beim jungen Max Nordau und Theodor Herzl]. In: dies.: *Identitások és kommunikációs csatornák. Magyar–német–zsidó kulturális metszéspontok a dualizmuskori Magyarországon* [Identitäten und Kommunikationskanäle. Ungarisch–deutsch–jüdische kulturelle Schnittstellen in Ungarn während der dualistischen Ära]. Budapest 2017. S. 27–45.

—: „Csak bátorság, kitartás és akarat!" Adalékok Kiss József vándoréveihez a Max Nordauval folytatott levelezés alapján [„Also Muth, Ausdauer, Willen!" Ergänzungen zu den Wanderjahren von József Kiss aufgrund des Briefwechsels mit Max Nordau]. *Irodalomtörténeti Közlemények* 125 (2021)1. S. 83–102. https://epa.oszk.hu/00000/00001/00517/pdf/ EPA00001_ItK_2021_1_083-102.pdf

ZSOLDOS, Andor: *Theodor Herzl. Emlékezések* [Theodor Herzl. Memoiren]. New York 1981.

ZSOLDOS, Jenő: Nordau levelei Kiss Józsefhez [Nordaus Briefe an József Kiss]. *Múlt és Jövő* 24 (1934)12. S. 326–327.

—: Kiss József levele Neumann Edéhez [Der Brief von József Kiss an Ede Neumann]. *Libanon* 8 (1943)1. S. 22.

—: Kiss József és „Jehova ajtónállói" [József Kiss und die Türsteher Jehovas]. *Új Élet Naptár 1959*. S. 222–240.

—: Korai fejezetek Kiss József életéből [Frühe Kapitel aus dem Leben von József Kiss]. *MIOK Évkönyv 1971/1772*. Hg. v. Sándor Scheiber. Budapest 1972. S. 81–103.

www.ingramcontent.com/pod-product-compliance
Ingram Content Group UK Ltd.
Pitfield, Milton Keynes, MK11 3LW, UK
UKHW040114170726
7214IPUK00028B/5